최고위 과정으로 인맥 만들기

모임의
기술

최고위 과정으로 **인맥 만들기**

모임의 기술

초판 1쇄 발행 | 2024년 3월 13일
초판 1쇄 발행 | 2024년 3월 20일

지은이 | 김용우
펴낸이 | 박영욱
펴낸곳 | 북오션

주　소 | 서울시 마포구 월드컵로 14길 62 북오션빌딩
이메일 | bookocean@naver.com
네이버포스트 | post.naver.com/bookocean
페이스북 | facebook.com/bookocean.book
인스타그램 | instagram.com/bookocean777
유튜브 | 쏠쏠TV·쏠쏠라이프TV
전　화 | 편집문의: 02-325-9172　영업문의: 02-322-6709
팩　스 | 02-3143-3964

출판신고번호 | 제 2007-000197호

ISBN 978-89-6799-808-0 (03320)

잘 되는 모임에는 분명 이유가 있다

최고위 과정으로 **인맥 만들기**

모임의 기술

김용우 지음

📖
북오션

머리말

2022년 6월 어느 날 김영식 회장님께서 전화를 주셨다. 다짜고짜 "김 사장, 고대AMP 사무총장 한 번 더 해봐라"라고 하셨다. 나는 사무총장으로 김영식 회장님과 함께 2017~2018년 고대AMP(경영전문대학원 최고위 과정)의 최고 전성기를 이끌었다. 그 시기를 상징할 수 있는 이벤트로는 그랜드인터컨티넨탈 호텔 그랜드볼룸에서 진행한 약 700여 명의 교우와 가족이 참석한 연말 송년회가 있고, 80팀 320여 교우와 가족이 참가해 진행한 총교우 회장배 골프대회가 있다.

고대 교우회관에 AMP교우회 사무실을 두고 있는데 같은 건

물에 입주해 있는 여러 타 과정 교우회에서 행사 진행에 대한 노하우를 배우기 위해 AMP교우회 사무실 문을 두드렸다. 당연히 대한민국 최고AMP라고 자부할 만큼 모든 행사를 깔끔하고 화려하게 진행했다.

AMP 같은 비학위 최고위 과정은 국내 각 대학뿐만 아니라 병원, 언론사, 각종 단체까지 많은 과정을 운영하고 있다. 대학교 홈페이지에 들어가 보면 대부분 확인이 가능한데, 2024년 1월 기준으로 전문가 과정을 제외하고 서울 주요 대학 중 서울대 42개 과정, 고려대 13개 과정, 연세대 15개의 비학위 최고위 과정을 운영하고 있다.

이런 과정에 사람들이 모이는 이유는 사람을 만나기 위해서다. 보통 몇백만 원부터 몇천만 원의 돈을 들여 6개월에서 1년 과정을 다니면서, 일정 기준으로 선발되어 모인 사람들을 만난다. 이 사람들과 인맥을 만들기 위해 적지 않은 비용과 시간을 투자하는 것이다.

사회적으로 일정 위치에 도달했거나, 아직 도달하지 않았더라도 그 정도를 지향하는 사람들에게 좋은 최고위 과정은 매우 추천할 만하다. 좋은 사람들과 함께하면서 얻는 것들이 너무 많기 때문이다. 어떤 목적으로 과정에 참여하게 되었든 잘 만들어지고 운영되는 최고위 과정의 교우회는 교우 간 사업 연결의 기회를 주기도 하고, 다양한 분야의 많은 전문가와 교류할 수 있게도 한다. 회원들이 서로 인생 2막의 친구로서 깊은 신뢰와 우정을 쌓을 기회를 제공하기도 한다.

하지만 당초 목적했던 것과는 완전 다른 현실을 마주할 수도 있다. 생각했던 것과 달리 과정의 질이 낮을 수도 있고, 동기들이 생각했던 부류의 사람들이 아닐 수도 있고, 간혹 좀 특이한 성향의 한 사람 때문에 교우회가 갈등이 생겨 분열될 수도 있다. 경험상 가장 결정적인 것은 선임된 집행부가 교우회 구성과 운영을 잘하지 못할 때이다. 이렇게 되면 그 교우회는 오래가지 못하고 흐지부지되고 만다. 몇십 년이 지나도 대부분의 동기들이 좋은 유대 관계를 유지하는 경우와 비교하면 큰 손실이 아닐 수 없다.

고대AMP 교우회에서 다년의 기(期) 사무총장과 5,000여 교우들로 구성된 총교우회 사무총장을 두 번째 역임하면서, 최고위 과정을 선택하는 문제부터 과정에 입학해 동기 교우회를 구성하고 운영하는 방법, 총교우회를 구성하고 운영하는 노하우를 정리할 필요를 느꼈다. 어떤 선택을 하고 누가 어떻게 운영하느냐에 따라 결과는 180도 달라지는데 결과에 대한 심려 없이 중요한 부분을 너무 대수롭지 않게 결정하는 것을 자주 보아왔기 때문이다.

이 책은 최고위 과정을 선택하려고 하는 사람들과 과정에 입학해 교우회를 구성하고 운영하는 기수 및 총교우회 집행부가 교우들을 위해 최고의 교우회를 운영하는 노하우를 담았다.

교우회를 잘 운영해야 하는 이유는 교우들의 인적 교류의 플랫폼 역할을 하기 때문이다. 그 역할을 하는 교우회가 어떻게 운영되느냐가 최고위 과정에 온 교우들의 인맥 만들기의 목적 달성 여부를 결정하는 매우 중요한 요소다. 최고위 과정을 통해 인생 2막의 멋진 친구를 만나고자 하는 분들과 최고의 교우회 운영으로 교우들에게 최상의 기회를 제공하려는 분들에게 도움이 되었으면 한다.

차례

1부 | 최고위 과정 오리엔테이션

2부 | 인맥 만들기 플랫폼 교우회 구성

3부 | 인맥 만들기 플랫폼 교우회 운영

4부 | 인맥의 깊이를 더하는 교우회 행사

1부

최고위 과정 오리엔테이션

단기간에 성공한 사람들을 가장 많이 만나려면 최고위 과정을 다니면 된다. 사람들은 성장해 가면서 또는 어느 정도 성공한 지위에 오르면 보다 많은 사람과의 인맥을 통해 한 단계 더 성장하고자 한다. 이런 사람들의 만남의 장을 마련해 주는 곳이 대학을 비롯한 언론사, 기관, 단체 등에서 운영하는 최고위 과정이다.

　최고위 과정은 경제적 측면에서 운영하는 곳에 큰 도움을 주기 때문에 정말 많은 다양한 과정들이 개설되어 운영된다. 매년 1월이나 7월이면 신문 지면에서도 광고하는 최고위 과정들을 많이 볼 수 있는데, 지원 자격만 갖춘다면 많은 과정을 섭렵해 볼 수도 있다. 최고위 과정에서 만나는 사람 중에는 수십 군데를 수료한 분도 있다. 거의 매년 1~2곳을 입학해 다니는 것이다. 시간과 경제력이 있어야 가능한 경우다.

최고위 과정 등록금은 꽤 비싼 수준이다. 주 1~2회 저녁 시간을 투자도 해야 한다. 한 과정을 수료하는 것도 많은 시간과 비용을 필요로 한다. 그래서 잘 골라서 필요한 몇 곳 정도 다니는 것을 추천한다.

1부에는 최고위 과정을 어떤 기준으로 선택하고 어떤 사람들이 오는지, 무엇을 얻을 수 있으며 어떻게 활용할 것인지 등에 대한 내용을 담았다.

어떤 최고위 과정을
선택할 것인가?

많은 최고위 과정들이 명멸을 거듭하기 때문에 정확한 숫자를 파악하기 어렵지만, 대학과 민간을 합쳐 2000년대 초반에는 약 2500개에 달하는 최고위 과정이 있었다고 한다(한국대학신문 기사, 2016.02.15.). 2024년 1월 기준으로는 서울대 42개, 고대 13개, 연대 15개 등 주요 대학 3곳만 합쳐도 70개나 된다. 경기 상황에 따라 영향을 크게 받아 지금은 많이 줄어든 상황이지만 아직도 많은 최고위 과정들이 다양한 주제로 운영되고 있다.

이 많은 과정 중에 어디를 선택할 것인가 하는 것은 의도하는 목적을 이루기 위한 첫 번째의 중요한 선택이다. 워낙 주변에서 많은 분이 경험하고 있기 때문에 단순하게 주변의 권유로 선택을 할 수도 있지만 꽤 큰 금액의 등록비와 시간을 투자하는 것이기 때문에 여러 가지를 고려해 신중한 판단을 할 필요가 있다. 이런 신중함이 없이 선택한 경우 교우회 운영이 제대로 되지 않아 가장 크게 의도했을 인맥을 만드는 기회 자체를 제한받는 상황을 맞을 수도 있다. 경험했다고 치부하기에는 너무 많은 시간과 적지 않은 돈이 투자되기 때문에 선택의 기준을 가지고 신중하게 고를 필요가 있다.

어떤 것들을 고려해 선택할 것인가? 주변에서 본 많은 사례와 경험을 통해 몇 가지 기준을 제시하려고 한다.

서울대 최고위 과정 현황

과정명	운영기간	대학	창설연도
최고지도자 인문학 과정	18주	인문대학	2007
해양정책 최고과정	6개월	자연과학대학	2000
과학기술산업융합 최고전략과정	6개월	자연과학대학	2002
최고경영자과정	6개월	경영대학	1976
최고재무전략과장	8개월	경영대학	2004
최고감사인과정	8개월	경영대학	2007

과정명	운영기간	대학	창설연도
ESG경영최고위과정	20주	경영대학	2022
최고산업전략과정	상반기(3~8월), 하반기(9~2월)	공과대학	1989
건설산업최고전략과정	8개월	공과대학	2004
미래융합기술최고위과정	8개월	공과대학	2002
엔지니어링프로젝트 매니지먼트과정	상반기(3~9월: 6개월) 하반기(9~3월: 6개월)	공과대학	2010
미래안보전략기술 최고위과정	5개월	공과대학	2013
서울대-한국전략 에너지 CEO과정	6개월	공과대학	2013
최고농업정책과정	6개월	농업생명과학대학	2004
농식품경영·유통 최고위과정	9개월	농업생명과학대학	2011
녹색환경지도자최고위과정	9개월	농업생명과학대학	2000
서울대 푸드테크 최고책임자과정	6개월	농업생명과학대학	2021
패션산업 최고경영자과정	9개월	생활과학대학	2002
식품영양산업 CEO과정	9개월	생활과학대학	2009
웰에이징·시니어산업 최고위과정	9개월	생활과학대학	2013
동물보건 최고경영자과정	매년 4~11월	수의과대학	2016
임상약학 교육과정	매년 3~6월, 9~12월	약학대학	1995
건강리더최고위과정	5개월	의과대학	2007
보건의료정책 최고위과정	6개월	보건대학원	1997
식품 및 외식산업 보건 최고경영자 과정	6개월	보건대학원	1996
보건사회복지정책과정	12개월	보건대학원	2003
국가정책과정	6개월	행정대학원	1972

과정명	운영기간	대학	창설연도
창의융합최고위정책과정	6개월	행정대학원	2017
도시·환경 미래전략과정	3~12월(6개월, 여름방학 제외)	환경대학원	1995
글로벌리더십과정	매년 5월~12월	국제대학원	1999
국제안보전략최고위과정	매년 6월~11월	국제대학원	2016
고급 치의학 연수과정	매년 3~7월	치의학대학원	2016
임상치의학 연수과정(치과 임플란트)	매년 9월~1월	치의학대학원	1999
전문분야 법학연구과정	매년 3~8월	법학전문대학원	2016
최고지도자과정	6개월	법학전문대학원	2004
금융법무과정	4개월	법학전문대학원	2008
AI 최고경영자과정	3월~10월	AI연구원	2022
세계한인 통일·평화 최고지도자 과정	5개월	서울대학교 통일·평화연구원	2023
세계경제최고전략과정	6개월	경제연구소	2001
문헌지식정보 최고위과정	9개월	중앙도서관	2010
바이오최고경영자과정	상반기(3~8월), 하반기(9~2월)	생명공학공동연구원	2006
창의적 리더를 위한 예술문화과정	10개월	미술관	2009

출처: 2024년 1월 현재 서울대 홈페이지

관련 업종의 사람들을 만날 것인가?

우선은 의도하는 바를 명확하게 구분해 선택해볼 필요가 있다. 한 분야에 특화된 지식과 그 분야와 관련된 인맥을 만들기 위함이라면 업종별 특화 과정을 선택해야 한다. 이런 과정에서는 주로 동업종의 사람이나 그 업종과 관련이 있는 사람들을 만날 수 있다. 이런 과정이 특별히 활성화된 업종이 건설업이다. 물론 그렇다고 모두를 그 분야에서 일하는 사람들로만 선발하지는 않는다. 건설업 관련 과정이라 하더라도 일부는 법조인, 회계사 등 직접적인 관련이 없는 분야의 사람들도 제한적으로 선발한다. 이런 최고위 과정은 한 분야의 사람들을 집중적으로 선발해 동업종의 인맥도 넓히고 사업적인 연결도 할 수 있는 기회를 갖도록 한다.

고려대 건설경영최고위 과정 모집 요강[2024.1월]

● 모집요강	
모집인원	50명
응시자격	· 건설사 최고경영자 및 고위급 임원 · Develop 금융 부동산 관련 기업 및 기관 고위급 임원 · 정부·국회 중앙부처 건설 부동산 관련 고위 공무원 · 중앙 및 지방 건설·부동산 관련 공기업, 언론기관 및 사회단체 임원
모집절차	· 원서교부 및 접수: 2023년 12월 18일~2024년 1월 19일 · 접수처 : 공학대학원 행정실(미래융합기술관 616호) · 제출서류 ① 지원서(본 대학원 소정양식) 1부 ② 재직증명서 또는 사업자등록증 사본 1부

	● 모집요강
전형방법 및 합격자 발 표	· 우편접수 : (우:02841) 서울 성북구 안암로 145 고려대학교 미래융합기술관 616호, 공학대학원 행정실 · 인터넷 접수: http://ceo.korea.ac.kr 접속 후 최고위과정(건설경영 최고위과정 입학안내) 입학지원서 다운로드 원서작성 후 elainekim@korea.ac.kr로 메일 발송 ※ 면접: 2024년 1월 29일~2월 2일, 　최종합격자 발표: 2024년 2월 5일 (월)

	● 교육기간
교육안내	· 교육기간: 2024년 3월 ~ 2025년 2월 (2학기, 1년 과정) · 교육비 : 한 학기당 6,000,000원 (해외세미나 비용 일부 포함, 원우 회비 별도) · 주요일정 (상세일정 추후안내) – 입학식: 2024년 3월 21일 (목) 예정 – 국내세미나: 2024년 4월 26일 (금) – 27일 (토), 1박 2일 (장소 및 상세일정 추후 안내) – 해외세미나: 2024년 10월 중순 예정 (장소 및 상세일정 추후 안내) · 강의시간 : 매주 목요일 18시 30분~ 20시 50분 (석식제공) · 강의실 : 고려대학교 자연계캠퍼스 미래융합기술관 601호 (원형강 의실).
최고위과정 예우	· 본 과정 수료자에게 고려대학교 총장명의의 수료증 수여 · 고려대학교 교우회 회원자격 부여 – 고려대학교 건설경영최고위과정 교우회 회원자격 부여 · 고려대학교 의료원 종합건강검진 이용시 감면 혜택

	● 문의처
고려대학교 공학대학원 행정실	– TEL. (02)3290–4122. / FAX. (02)3290–4429 – 홈페이지: http://ceo.korea.ac.kr –E–mail: elainekim@korea.ac.kr

출처: 고려대학교 홈페이지

모든 분야의 사람을 만날 것인가?

한 분야에 국한되지 않고 모든 분야의 사람들을 만날 수 있는 과정이 일반적이다. 특정 단과 대학원에서 운영하더라도 일반적으로는 업종을 제한하지 않고 모든 분야에서 일정 기준을 충족하는 사람들을 선발해 운영한다. 그 대표적인 과정이 경영전문대학원 최고위 과정인 AMP(Advanced Management Program)이다. 경영전문대학원에서 운영하지만 기업 경영과 관련된 사람만을 대상으로 하지 않는다. 고위 공무원, 법조인, 군 장성, 언론인, 연예인들도 선발한다. 이런 과정의 장점은 그야말로 많은 분야에서 성공적인 삶을 살아온 사람들을 만날 수 있다는 것이다. 훨씬 다양한 인맥을 형성할 수 있다. 인맥 형성이 목적이라면 거기에 잘 부합하는 과정이라고 할 수 있다.

위의 두 가지 다 인맥을 만드는 최고위 과정이다. 이 중 특정 분야에 한정할 것인가, 모든 분야로 인맥 만들기를 넓힐 것인가를 고민해 선택하면 된다.

어떤 선택을 하든 일반적인 관점에서 최고위 과정을 선택할 때 적용할 기준들은 뭐가 있을까?

고려대학교 경영전문대학원 AMP 모집
Advanced Management Program

AMP 특징
- 1975년 설립한 국내 최초 AMP
- 변화하는 경영환경, 경영의 핵심주제, 사람 중심 변화의 실행 등 독창적인 커리큘럼
- 세계적 수준의 최첨단 교육환경 제공
- 5,000여명의 국내 최대 교우
- Field Trip 및 선후배 네트워크

지원자격
- 기업 최고경영자 및 임원
- 기타 위와 동등한 자격을 갖춘 인사

제출서류
- 입학지원서 1부
- 자기소개서 1부
- 입학지원서, 자기소개서는 온라인 지원 or 홈페이지에서 양식 다운로드 가능
  (https://biz.korea.ac.kr/eec/amp/admission.html)
- 재직증명서, 사업자등록증, 회사등기부등본 중 택1

전형 방법
- 서류전형 & 1:1 면접

교육기간
- 6개월 과정 · 전기(3월~8월) / 후기(9월~2월)

원서접수 기간 및 문의처
- 원서접수기간: 전기(1월~2월)/ 후기(7월~8월)
  (정원 충원 시 조기 마감, 자세한 일정 홈페이지 참조)
- 문의처: 서울시 성북구 안암로 145 고려대학교 경영본관 3층 EEC행정실
  (평일 10:00~17:00 / 점심시간 12:00~13:00 제외)
  Tel. (02)3290-1695/E-mail. kubsamp@korea.ac.kr/
  홈페이지. https://biz.korea.ac.kr/eec/amp/intro.html

출처: 고려대학교 홈페이지

최고위 과정 선택의 기준
6가지

첫째, 입학 조건이 까다로운 곳을 선택하라

현실을 보면 입학 조건을 까다롭게 적용하는 과정은 그리 많지 않다. 신입 원우 충원하기에 급급한 곳이 대부분이기 때문이다. 하지만 이런 곳은 그야말로 천차만별의 다양한 사람들이 올 수 있는 곳이기 때문에 선택이 실망으로 이어질 가능성이 많다. 이런 경우 같이 어울리기에 부담스러운 캐릭터의 사람들이 섞여 있을 가능성이 많고, 그렇게 되면 그 모임은 자연스럽게 참석을 꺼리게 된다. 6개월에서 1년까지 다녀야 하는 과정이 이런 결과로 이어진다면 큰 손실이 아닐 수 없다. 입학 조건이 까다로운 곳은 모집 요강에 높은 기준을 제시하고 거기에 부합한 사람들을 선발하기 때문에 실망할 가능성을 훨씬 줄여 줄 것이다.

입학 조건이 까다롭다는 것은 그만큼 더 엄격하고 높은 수준의 기준을 제시하고 모집한다는 것이다. 입학 전형에 제시된 이런 기준을 그대로 적용해 신입 원우를 선발하는 곳이라면 기대하는 정도의 사람들을 만날 수 있다. 이런 과정을 선택해야 한다.

엄격하고 높은 수준의 기준을 충족하지 못하고 서류 전형에서 불합격하는 경우도 있다. 종종 재수를 해서(기준을 달성하여) 입학하는 경우도 있는데, 이런 정도의 노력으로 갈 수 있는 곳이면 훨씬 큰 만족감을 줄 것이다.

둘째, 자신의 수준보다 높다고 생각되는 곳을 선택하라

자신의 수준을 객관적인 기준으로 계량화해서 볼 수는 없다. 이 두 번째 기준은 상당히 주관적인 판단을 얘기하는 건데, 사람은 스스로 평가하는 본인의 수준이라는 것이 있다. 일반적인 사회적 평가와는 상관없이 터무니없게 스스로를 높게 또는 낮게 평가하는 경우는 제외하고 다양한 사회적 경험과 성과 등을 통해서 오랜 시간 만들어 온 자신의 주관적 평가 등급 같은 것이다. 이것은 단순한 학벌과는 다르다. 대학을 다니지 못했거나 이름 없는 대학을 나온 경우라도 사회적 성과가 뛰어난 사람이라면 높은 자존감과 함께 본인을 높게 평가할 것이다. 또한 소위 일류대를 나왔다 하더라도 주위와 본인 스스로의 기대치만큼 사회적 지위가 없는 사람이라면 스스로를 낮게 평가할 수 있다.

최고위 과정을 선택할 때 스스로가 평가하는 자신의 수준보다 더 높다고 판단되는 곳을 지원할 필요가 있는 것은 삶 자체를 통해 교훈과 영감을 주는 동기들을 훨씬 많이 만나볼 수 있기 때문이다. 다양한 사람을 만나 인맥을 형성하고 인생 2막의 친구를 만나는 것도 중요하지만, 같이 어울리는 동기의 삶 자체가 배움의 훌륭한 교과서가 되는 경험은 대단한 희열을 느끼게 한다. 자신의 삶도 동기들에게 교훈과 영감을 줄 수 있을 테지만 높은 수준의 좋은 과정으로 갈수록 이런 경험을 많이 할 수 있다.

큰 성공을 거둔 동기를 보며 '저 사람은 저런 태도와 습관, 자세 때문에 성공할 수밖에 없었겠구나' 하는 생각을 하게 된다.

이렇게 성공을 거둔 사람들을 가까이서 접하며 자극을 받고 관계를 만드는 기회를 갖는다는 것은 큰 유익이자 즐거움이다. 이런 경험을 하게 되면 이 과정에 참 잘 왔구나 하는 생각을 하게 된다. '내 인생 최고의 선택이 ○○○과정에 다닌 거'라는 얘기를 종종 듣기도 하는데 그것은 그만큼 선택한 과정을 다니면서 얻는 만족감이 크다는 것이다. 이런 과정을 서너 개만 다닐 수 있다면 인생이 정말 행복해질 것이다.

셋째. 동기 간 결속력 프로그램이 잘돼 있는 곳을 선택하라

최고위 과정이 진행하는 프로그램은 대체적으로 비슷하다. 오리엔테이션과 주 1~2회 정도의 수업, 1박 2일 국내 세미나, 해외 연수, 국내 또는 해외 졸업여행 등이다. 6개월에서 1년 정도의 기간 동안 이 프로그램들을 통해 학습도 하면서 새로운 인연을 만들어 간다. 비슷한 기간에 비슷한 내용을 가지고 프로그램을 진행하지만 결과적으로 모임의 지속성과 결속력 측면에서 탄탄하지 않는 경우도 있다. 그 차이는 어디에서 올까? 그것은 과정의 자부심 심어주기와 결속력을 위한 프로그램 유무에 있다.

대부분 최고위 과정이 대학에서 진행되어 대학과 관련된 자부심을 심어주려고 하지만 그것보다는 모임 자체가 갖는 자부심이 있어야 한다. 전체 교우회가 갖는 자부심과 각 기수의 자부심이 있어야 한다. 이런 자부심을 갖지 못한 교우회는 자부심으로 인한 구심력이 없어 갈등이 생기면 모래성처럼 쉽게 무너져 오래 지속되지 못한다.

"우리 ○○○과정 교우회에는 자수성가한 정말 대단한 사람들이 모여 있어 많은 성공한 인생 경험을 배울 수 있는 곳이야."

"우리 ○○○과정 교우회에는 대한민국 건설업을 책임지는 거의 모든 사람이 모여 있어."

"우리 ○○○과정 교우회에는 IT 관련한 열정이 대단한 사람들이 모여 있어 항상 나에게 자극을 주는 곳이야."

이런 모임에 소속돼 있다는 자부심이 있을 것이다. 이런 자부심들은 많은 시간을 거치면서 만들어지고 다듬어져 교우들의 머릿속에 심어진 것들이어야 한다. 집행부의 구호만으로 만들어질 수 없고 만들어져서도 안 된다. 누가 강조하지 않아도 구성원들이 공통적으로 느낄 수 있는 것이어야 한다.

결속력을 위한 좋은 프로그램은 과정 시작 초기에 급속하게 친밀도를 쌓을 수 있게 한다. 이런 프로그램이 없으면 나이 많고 세상 경험 많은 사람들이 모여서 갑자기 친밀도를 형성하기는 쉽지 않을 것이다.

결속력을 위한 프로그램 중 대표적인 것이 일명 '3교시'다. 3교시라고 칭하는 이유는 보통 하루 2교시 수업 후 친밀도를 쌓기 위해 진행되는 술 한잔하는 자리를 얘기하기 때문이다. 이 3교시에서 형님, 동생 하면서 만난 지 며칠 안 됐지만 마치 수십 년 된 인연 같은 관계를 만든다. 초기에 형성된 이런 관계는 모임의 전체 분위기와 결속력에 많은 영향을 준다.

넷째, 교우회가 잘 운영되는 곳을 선택하라

동기간 결속력을 위한 프로그램이 과정 초기 관계 형성을 위한 것이라면 교우회 운영은 그런 좋은 관계의 지속성을 위한 것이다. 교우회 운영은 총교우회와 기수 교우회가 연관성을 갖도록 해야 한다. 총 교우회의 운영 계획에 따라 기수 교우회의 운영계획이 세워져 동기끼리뿐만 아니라 전체 교우들과도 유기적인 교류가 될 수 있도록 해야 한다.

총 교우회와 기수 교우회는 연초에 연간 행사 계획을 세워서 운영하는데 어떻게 운영하느냐에 따라 교우들의 참여 양상은 확연하게 달라진다. 참여를 이끌어내고 분위기를 만들어내는 것은 집행부의 노력과 실력에 달려 있다. 행사 진행을 잘못해 몇 번의 실망을 주게 되면 교우들은 이후 행사 참여를 하지 않는다. 한 번 이런 분위기가 만들어지면 회복하기가 정말 힘들다. 그런 분위기가 만들어지지 않도록 집행부는 모든 행사에 최선을 다하여 만족감을 줘야 한다.

교우회의 저력은 행사를 통해 나타난다. 많은 교우가 참여하는 행사가 주기적으로 꾸준히 진행되는 곳이라면 일단 교우회 운영이 잘되는 곳이라고 할 수 있다. 참여 인원, 후원의 규모 등은 분위기와 문화가 형성되지 않았다면 하루아침에 만들어지지 않기 때문이다.

교우회 운영이 잘 된다는 것은 교우들이 인맥 형성을 잘할 수 있는 플랫폼을 안정적으로 마련해 줄 수 있다는 의미이기도 하다. 교우들은 이 안정된 플랫폼에서 참여와 노력을 통해 다양한 것들을 얻을 수 있을 것이다.

다섯째, 동호회 운영이 잘되는 곳을 선택하라

최고위 과정 총교우회 동호회는 같은 기수 동기들 못지않게 다양한 기수 교우들과 친밀한 관계 형성을 할 수 있는 곳이다. 운영되는 동호회는 보통 산악회·골프회·봉사회·독서회 등인데, 동호회가 잘 운영되면 그 교우회는 잘될 수밖에 없다. 동호회는 교우회를 받치고 있는 기둥이기 때문이다.

교우회 내에서 동호회는 총교우회와 함께 '총교우 단합 등산대회', '총교우 회장배 골프대회' 등 대규모 행사를 진행하기도 하지만 일반적으로는 독립적인 지위를 가지고 운영을 한다. 잘 운영되는 동호회는 회원들 간에 동기들보다 훨씬 돈독한 유대 관계를 만들어 주기도 한다. 하지만 그렇지 못하고 분란과 갈등, 심지어 금전 사고 등이 발생하는 동호회는 총교우회 운영에 큰 부담을 주기도 한다.

동호회가 탄탄히 운영되는 곳을 선택해야 되는 이유는 같은 취미활동을 하면서 다양한 기수의 인맥들을 밀도있게 만들 수 있는 기회를 동호회가 제공하기 때문이다. 동호회가 잘 운영되는 모임은 총교우회도 잘 된다.

여섯째, 신입 원우 모집이 잘되는 곳을 선택하라

최고위 과정에 지원하는 예비 원우의 숫자는 앞에서 말한 5가지 기준의 총화로써 나타난다고 할 수 있다. 예비 원우들도 여러 채널을 통해 확인한 정보들을 바탕으로 어떤 최고위 과정을 선택할지를 결정할 것이다. 모집 전형에 부합한 예비 원우들의 선택이 많은 과정은 그만큼 잘 운영되고 오랜 시간 그 결과로써 평판이 좋게 난 곳이다. 좋은 평가를 받지 못한 과정이 홍보를 통해 일시적으로 지원 숫자를 늘릴 수는 있겠지만 지속적인 결과를 만들어 내기는 어렵다.

국내의 많은 최고위 과정이 명멸을 거듭한다. 수십 년을 유지한 과정이 원우 모집이 안 되어 과정을 일시 중단하기도 하고 아예 폐쇄를 하기도 한다. 수요자들의 니즈를 충족시키지 못한 결과이다. 정원이 겨우 채워지는 과정은 혁신이 없는 한 오래 유지하기 힘들다고 봐야 한다.

예비 원우들이 입학하고자 지원을 많이 해 경쟁률이 있는 과정이라면 좋은 평판을 받았다는 의미이기도 하다. 다른 것을 고려하지 않고 이 기준만으로 선택을 한다 해도 결과는 실망을 주지 않을 것이다.

최고위 과정을 수료한 후 많은 사람에게서 "내 인생의 최고의 선택은 ○○○최고위 과정에 다닌 것"이라는 말을 심심찮게 듣는다. 나는 그것이 교우들을 만나서 사업적으로 무언가 큰 도움을 받았다는 의미로 해석하지 않는다. 좋은 사람들과의 만남이 주는 평가다. 우리가 평생을 살면서 그 많은 사람을 만나면서도 진정한 친구라고 생각되는 사람은 몇 안 되듯, 좋은 친구를 만나기는 매우 어려운 일이다. 좋은 과정을 다니면 좋은 친구 좋은 사람을 만날 수 있는 확률이 그만큼 높아진다. 좋은 사람들과의 만남은 인생 2막의 진정한 친구를 만들게도 하고, 결정적 기회와 정보를 주기도 한다.

지원하는 신입 원우가 많다는 것은 이런 기회를 줄 수 있는 확률이 높다는 의미이면서 좋은 최고위 과정의 바로미터라고도 할 수 있을 것이다.

최고위 과정에서
얻을 수 있는 것 6가지

최고위 과정은 어느 정도 사회적으로 성공한 사람들이 다닌다. 과정에 다니면서 무언가 특별히 이득을 얻고자 하는 것보다는 사람을 만나려고 온다. 자신과 비슷하게 사회적 성취를 이룬 사람들을 만나려는 것이다. 최고위 과정에서 얻을 수 있는 것들도 사람과의 만남을 통해서 만들어지는 것들이다. 그래서 아래에 적은 6가지도 모두 성공한 사람들끼리 만나서 주고받을 수 있는 것들이다.

첫째, 다양한 인맥

한 직장에 다니면서 특별한 니즈를 느끼지 못하는 경우나 직업적으로 다양한 사람들을 만날 필요가 없는 경우 등을 제외하면, 활발하게 사회 활동을 하는 사람들 대부분은 다양한 인맥을 형성하고자 한다. 사업을 하든 사회생활을 하면서 필요해서든 다양한 분야의 사람을 많이 알고 있는 것은 여러 가지 문제 해결이나 정보를 얻는 데 있어서 큰 도움이 되는 경우가 많기 때문이다.

다양한 인맥을 만들기 가장 좋은 곳이 최고위 과정이다. 입학 기준이 까다롭고 엄격할수록 사회적으로 더 높은 성취를 한 다양한 사람들을 만날 수 있다. 예를 들어 AMP(경영전문대학권 최고위 과정) 과정에 가면 다양한 기업의 CEO와 임원, 현직 판사, 검사, 변호사, 고위 관료, 군 장성, 회계사, 세무사 등을 동기나 교우로 만날 수 있다.

6개월에서 1년 정도의 기간에 50~60여 명의 이런 인맥을 만들고, 수료 후에는 총교우회 활동을 통해 수천 명의 더 많은 교우를 만날 수 있다. 이렇게 단기간에 이런 사람들을 만날 수

있는 곳이 최고위 과정 말고 어디가 있겠는가? 인맥 만들기의
최적의 기회를 주는 곳이라고 할 수 있다.

둘째, 인생 2막의 친구

최고위 과정에서 얻을 수 있는 것을 한 가지만 얘기하라고
한다면 '인생 2막의 친구'라고 하겠다. 수료자 대부분의 공통된
생각일 것이다. 최고위 과정에서는 인생 2막의 친구를 얻을 수
있다.

학교·사회 친구·직장·군대 동기까지 많은 친구들이 있지
만, 보통 진정한 친구를 꼽으라고 하면 몇 명 되지 않는다. 그만
큼 진정한 친구를 만난다는 것은 쉬운 일이 아니다. 하지만 많
은 사람들이 최고위 과정에서 좋은 친구, 인생 2막을 같이하는
친구를 만난다. 실제 수료 후 가장 많은 시간을 같이 보내는 사
람들도 보면 최고위 과정의 동기나 교우들인 경우가 많다.

"내 인생 최고의 선택은 ○○○과정을 다닌 거였어."라는 말
을 하는 사람들이 많은데, 그 이유도 인생 2막의 진정한 친구들
을 만났기 때문이다. 이런 측면에서 좋은 최고위 과정을 꼭 다

녀보라고 얘기하고 싶다.

셋째, 전문가

지금은 만들지 않지만 몇 년 전만 해도 '교우 명부'라는 것을 만들었다. 전 교우 명단이 기수별로 정리돼 있고, 뒤에는 업종별로 명단이 있다. 이 업종별 명단을 보면 대한민국 거의 모든 분야의 전문가나 고위직들이 망라돼 있다. 필요한 경우 연결해서 정보를 얻거나 도움을 요청해볼 만한 교우가 분야별로 수십 명에서 수백 명까지도 있다.

그렇게 거창하게 접근하지 않더라도 동기 중에 변호사, 회계사, 세무사, IPO전문가, 건설업 CEO, 식품회사 CEO 등등 다양한 직종의 전문가나 고위직 사람들이 있다. 또 이들을 통해서 더 다양한 분야의 전문가들과도 연결할 수 있다.

가까운 곳에 이런 전문가들이 있으면 현실에서 부딪히는 많은 문제를 부담없이 자문을 받고 일의 방향을 결정할 수 있게 된다. 단순한 자문 수준을 넘어서는 경우라면 그들에게 대가를 지불하고 문제의 해결을 의뢰하면 될 것이다. 이런 환경에 있다는 것은 삶에 상당한 안정감을 준다.

넷째, 많은 성공 스토리

최고위 과정에서 가장 즐거운 일 중 하나는 여기서 만나는 각자의 성공적인, 때로는 감동적인 성공 스토리를 생생하게 들어 볼 수 있다는 것이다. 그리고 현재 진행형의 성공 스토리를 옆에서 바로 볼 수 있다.

예전 MBC에서 방송한 '성공시대'라는 TV프로그램이 있다. 갖은 역경을 딛고 크게 성공하여 사회에도 다양한 방식의 기여를 하는 분들의 스토리를 감동적으로 그린 프로그램이다. 그 정도까지 대단한 성공은 아니지만 나름대로 굉장한 성취를 한 교우들이 주변에 많이 있는 곳이 최고위 과정이다.

대단해 보이는 교우들의 성공의 이유들을 습관적으로 꼽아 보곤 한다. 교우들 중에 '저분 정말 대단하다'라는 생각이 드는 사람들이 있다. 대체적으로 이런 분들은 어떤 열악한 상황에서도 그것을 극복하고 결국 성공의 길에 도달할 것 같은 사람들이다. 실제로 현재는 큰 성공을 거둔 분들이다. 이런 분들에게는 마음 속 깊은 존경심을 갖지 않을 수 없는데, 바로 옆에서 성공 스토리를 들으며 삶의 자세를 배우고 교훈을 얻을 수 있는 것은 큰 행운이다.

다섯째, 동호인

최고위 과정에 오게 되면 취향에 맞는 동호회를 가입해 활동하는 게 좋다. 이것은 여러 기수의 교우들과 밀도 있는 관계를 만들며 어울릴 수 있는 가장 좋은 방법이기 때문이다.

동호회들은 상당히 전문성을 가지고 활동하기도 한다. 산악회의 경우 매달 국내 명산 등반을 하면서 연례 행사로는 글로벌 산행을 진행하기도 한다. 국내 산행 시에는 수준에 맞게 산행 코스를 이원화해 초보자들도 배려하는 진행을 한다.

골프회는 가장 활성화된 동호회 중 하나다. 최고위 과정에서 골프는 가장 일반적인 친교의 수단이다. 최고위 과정에 올 정도면 대부분 골프를 어느 정도는 친다고 볼 수 있는데, 가장 많은 친교의 수단으로 활용되기 때문에 연습을 통해 좋은 실력을 갖춘다면 교우회 활동을 훨씬 즐겁게 할 수 있다. 회원들 중에는 아마추어 수준을 뛰어넘는 골프 실력을 가지고 있는 교우도 많다.

이외에도 다양한 동호회가 있는데, 동호회 활동은 여러 기수 교우들과 훨씬 깊은 관계 형성을 하게 하고 무엇보다 본인에게 즐거움을 주는 활동이기 때문에 적극적인 참여를 권한다.

여섯째, 사업 연결

건설업이나 식품 제조 등과 관련한 동업계 사람들을 모집해 운영하는 최고위 과정은 그 목적성이 뚜렷하다고 볼 수 있으므로 동업계 인맥 형성 외에 사업 연결의 의도를 가져도 될 것이다. 실제 건설업 관련한 최고위 과정에서는 사업적인 도움을 주고받는 경우가 꽤 많다고 알고 있다.

하지만 나는 최고위 과정을 선택해 다니게 될 때 사업 연결의 목적을 너무 크게 갖고 오지는 말라고 당부하고 싶다. 의도가 앞서면 대부분 실망하게 되기 때문이다. 의도하지 않더라도 지내다 보면 자연스럽게 사업 연결의 기회가 생기기도 한다. 하지만 의도를 지나치게 드러내면 교우들에게 거부감을 일으킬 수 있고 본인도 낙담할 수 있다. 이런 의도는 채워지기 어려운 게 현실이다.

최고위 과정은 사람을 만나러 오는 곳이다. 인생 2막의 친구를 만나러 오는 곳이다. 이것만으로도 차고 넘치는 만족감을 줄 수 있다. 다른 의도는 내려놓기를 바란다.

최고위 과정에 오는 사람들의 5가지 특징

나는 2010년도 43세 때 고대AMP에 입학했다. 이명박 정부 2년 차 때인데, 많은 지원자가 몰려 경쟁률이 1:1.5 정도 되었다. 최종 83명이 입학했고, 당시 동기들의 주축은 50대 초중반이었다. 나는 상대적으로 어린 나이에 입학을 하게 되었는데, 당시 성공한 인생 선배들의 모습을 통해 배우고 느끼는 바가 많았다.

동기 모임의 분위기도 상당히 맘에 들었다. 동창생이나 사회 친구들 모임에서는 경험할 수 없었던 것들을 많이 보고 느꼈다.

고위 공직자 출신들이 주는 그 점잖음, 대기업 임원들이 주는 그 다듬어진 절제미, 성공한 기업가들이 주는 그 열정, 이런 것들이 어우러져 만든 격이 있는 동기 모임 분위기가 아주 만족스러웠다. 이런 분위기는 총교우회 사무총장을 맡으면서도 동일하게 경험할 수 있었다.

비교적 어린 나이에 성공한 인생 선배들의 모습들을 보면서 공통적으로 느꼈던 몇 가지가 있다.

첫째, 품격

최고위 과정에 오는 사람들 대부분은 긴 시간 동안 자신의 분야에서 절차탁마 해온 사람들이다. 자신을 다듬고 담금질해 오면서 현재의 지위에 오른 것이다. 그래서 한 사람 한 사람이 가볍게 보이지 않는다. 조금만 내면을 들어가 보면 자신만의 인생의 깊이와 철학들을 다 가지고 있다는 것을 알 수 있다.

이런 인생의 깊이와 철학은 각자 인생의 무게감을 만들고 그 사람의 품격을 만든다.

'그 사람의 환경과 지위가 그 사람을 만든다'고 하지 않는가? 본인이 쌓아온 지위, 역경을 딛고 쌓아온 성과, 이런 것들은 분명 일반적이지 않은 그 사람만의 캐릭터를 만든다. 이런 것들이 모두를 높은 인격의 사람으로 만들지는 않을 것이다. 최고위 과정에서는 치열한 삶의 과정을 통해 만들어졌을 훌륭한 품격을 갖춘 사람들을 많이 만나볼 수 있다.

이들과 어울리면서 느끼게 되는 감정이 '이 최고위 과정에 정말 잘 왔다'는 것이다. 이런 만족감을 주는 과정을 1부 내용 중 '어떤 최고위 과정을 선택할 것인가?'를 참고해 찾아보기 바란다. 품격이 있는 사람들과 함께하면서 자신도 자연스럽게 인생의 격을 갖춰나갈 수 있을 것이다.

둘째, 절제된 언어(말)

그 사람의 수준은 그 사람이 사용하는 말을 들어보면 바로 알 수 있다. 모임의 수준도 오가는 말의 모양을 들어보면 알 수 있다. 보통은 사람의 인격과 함께, 지위와 함께 다듬어지는 것이 말이기 때문에 최고위 과정에서 보는 대부분의 교우는 상당히 절제되고 순화된 말을 주고받는다. 이런 식의 언어 사용은 안정감 있고 편안한 모임의 분위기를 만들어 주며 모임에 대한 만족감을 높여 주고 참여 열의를 높인다.

종종 습관적으로 비속어를 사용하는 사람도 있다. 이런 사람은 시간이 지나면서 자연스럽게 모임에서 소외된다. 누구도 격이 낮은 언어를 사용하는 사람과 어울리려고 하지 않기 때문이다. 교우 한 분으로부터 들은 얘기인데, 실제로 한 골프 모임에서 말끝마다 욕설을 하는 사람이 있어 그 사람을 제외하고 비밀리에(?) 모임을 따로 만들었다는 얘기도 들었다. 이처럼 저급한 언어의 사용은 주변 사람들을 불편하게 만들고 자신도 실패자로 만든다.

나이가 들어가면서 지위가 올라가 많은 사람을 이끄는 리더가 되면서부터는 말의 표현도 의도적으로 절제하고 순화할 줄 알아야 한다. 이런 훈련이 되어 있지 않다면 리더로서의 자질을 못 갖춘 것이고, 사람 자체로서도 좋은 평가를 받지 못할 것이다. 인격은 말과 태도와 행동으로 표현되기 때문이다.

대체적으로 일정 지위 이상에 있는 사람들이 모이는 최고위과정 모임에서의 말은 상당히 점잖고 절제되어 있다. 이렇게 안정되고 품격을 갖춘 언어를 사용하는 모임의 분위기는 좋은 최고위 과정에서 하게 되는 색다른 경험이다.

셋째, 감정의 절제

모임에는 다양한 유형의 사람들이 오기 때문에 사안에 따라 서로 의견이 맞지 않아 갈등 상황이 생길 수 있다. 의견 충돌이 싸움으로 번지기도 하고 감정이 악화돼 모임에 아예 안 나오는 사람이 생기기도 한다. 분파가 생겨 모임이 둘로 쪼개지기도 한다. 서로 이해하려는 노력도 하지 않고 분노를 절제하지 못한 결과다. 모임에서 종종 볼 수 있는 장면들이다.

비교적 인생 선배들과 고대AMP 과정을 하면서 내가 본 놀라운 장면은 어떤 경우에도 서로 싸우지 않는다는 것이다. 이 정도 상황이면 서로 언성을 높이고 싸울 법한데 그러지 않는다. 누가 기분 나쁜 말을 하거나 자극할 때도 유머로 넘기거나 '허허' 하면서 그 상황을 넘긴다. 물론 이런 상황은 거의 없긴 하다. 그런 상황이 오기 전에 서로 오해할 만한 행동을 하지 않거나 거의 절제된 표현을 하기 때문이다.

고대AMP 우리 기수는 83명이 수료하고 14년째를 맞고 있지만 동기들 간에 서로 언성을 높이면서 싸우는 장면을 한 번도 보지 못했다. 총교우회 행사에서도 마찬가지다. 이런 모습은 상당한 경지에 있는 사람들이 모였을 때나 가능한 것이다. 여타 다른 모임과 비교해 봤을 때 나에게 놀라움을 주는 부분이다.

넷째, 실행력

2017년부터 고대AMP 19대 총교우회 사무총장으로 일하게 되어, 2016년 연말 기수 송년회 직전에 총교우회 주요 임원진과 동기 교우 중 총교우회 부회장으로 추천할 분들 명단을 작성해 김영식 회장님께 드렸다. 설명과 함께 명단을 보여주고 시간될 때 전화를 한 번씩 해달라고 말씀드렸다. 나는 당연히 명단을 가져가서 전화를 한 후 결과를 나에게 알려줄 거라 생각했다. 그런데 김영식 회장님은 옆방으로 가 바로 전화를 돌렸다. 그렇게 바로 임원단을 확정지어 주셨다. 며칠 걸릴 거라 생각했던 결과를 약 30분 만에 바로 확정지어 주신 것이다.

최고위 과정에 오는 성공한 사업가들의 주요 특징 중 하나는 실행력이다. 일을 미루지 않는다. 생각하면 바로 실행에 옮긴다. 자기계발 서적에도 항상 빠지지 않고 나오는 내용이긴 하지만, 바로 현장에서 그런 모습들을 보면 실행력이 성공의 중요 습관임을 실감하게 된다.

[김영식 회장님 사무실 벽면 문구]

"생각하면 행동으로 지금 당장 즉시!!"

다섯째, 체화(體化)된 인맥 만들기

사업을 하든 직장에서 일을 하든 다양한 분야의 많은 사람을 안다는 것은 큰 힘이 된다. 특히 사업을 하는 경우 관련 분야의 인맥은 결정적인 성과를 좌우하기도 한다. 그래서 자기 분야에 영향력을 가진 사람들과 인적 교류를 한다는 것은 매우 중요한 일이다.

최고위 과정에는 사람을 만날 수 있는 최고의 환경이 조성돼 있다. 수천 명의 교우들 중에 본인이 필요하다고 생각하면 연결고리를 찾아 어렵지 않게 만날 수 있다. 그 이후 관계의 밀도를 높이는 일은 물론 본인의 능력이다. 최고위 과정에서 본 많은 사람들은 이 능력에 있어서는 최고의 고수들이다.

인맥 관리의 한 예를 소개한다. 교우 한 분이 본인에게 도움을 주었던 거래 회사 임원이 퇴임한 후에도 10년 넘게 명절에 선물을 보내고 애경사를 챙겼다. 나중에는 그 퇴임한 분이 '이제 제발 명절에 선물 좀 그만 보내라'고 부탁을 했을 정도였다고 한다. 그래도 부담 갖지 마시라고 얘기하면서 선물은 계속 보냈단다. 그런데 이 퇴임한 임원이 옛 직장 후배들과 동업계 사람들에게 이 교우를 항상 한결같은 사람이라며 칭찬을 많이 해줘 이후에도 사업에 큰 도움이 되었다고 한다.

최고위 과정에서 만나는 한 사람 한 사람을 보면서 '저분은 이런 점이 대단해',' 저 분은 이런 장점 때문에 성공한 것 같아' 하면서 분석하는 것이 내 습관적인 일 중의 하나다. 자기계발서에 나오는 내용대로 실천하고 있는 교우들을 바로 옆에서 보는 것도 큰 즐거움이다. 좋은 최고위 과정에서만 맛볼 수 있는 것들이다.

　기대하는 만큼의 만족을 얻기 위해서는 다음에 이어지는 '최고위 과정을 어떻게 활용할 것인가?' 부분을 꼭 참고하면서 교우회에 참여해 보기 바란다.

최고위 과정을
어떻게 활용할 것인가?

신중하게 선택해 다니게 된 최고위 과정은 어떤 마음가짐으로 다녀야 하고, 수료 후에는 어떻게 활동하는 게 좋을까? 비슷한 시간과 비용을 투자해 다녔더라도, 사람마다 최고위 과정을 활용하는 방식은 다양한 것 같다. 교우회 행사에 적극적으로 참여하면서 많은 교우들과의 인맥을 만들어 가는 사람도 있고, 수료 후에는 얼굴을 거의 볼 수 없는 사람들도 있다. 나름대로 이유가 있겠지만 수료 후 바로 자취를 감춰 왜 최고위 과정에 왔는지 의문이 들게 하는 사람들도 있다.

많은 시간과 비용을 들여 다니게 된 최고위 과정은 잘 활용하면 자신에게 금광이 될 수도 있지만, 그러지 못할 때는 쓸모 없는 폐광일 수도 있다. 최고위 과정에서 얻을 수 있는 것들은 앞에서 살펴보았다. 어떤 마음가짐으로 참여할 때 가장 많은 것들을 얻을 수 있을까?

첫째, 교우회 활동에 적극 참여한다

학기가 시작되고 오래지 않아 임원단이 구성되고 본격적인 교우회 활동이 시작된다. 수업 후 술 한잔하면서 친목을 다지는 3교시도 진행되고, 골프회가 만들어지면서 골프 모임도 갖게 된다. 돈독한 관계 형성을 할 수 있는 다양한 프로그램들이 가동되는 것이다. 이런 프로그램에 초기부터 적극적으로 참여할 필요가 있다. 물론 성격상 또는 직장에서의 업무 환경 때문에 참여를 잘 못 할 수도 있지만, 의도적인 적극성을 가질 필요가 있다는 것이다. 성격 탓을 하며 소극적인 자세를 갖게 되면 얻을 수 있는 게 수료증밖에 없다.

수료 후에 본격적으로 참여하게 되는 총교우회의 주요 행사도 참여하면서 얼굴을 알려야 한다. 총교우회 행사에는 처음

몇 번 참여하게 될 때는 거의 모두가 낯선 사람들이라 뻘쭘할 수 있다. 하지만 동기들과 이 시기를 잘 참으며 참여하게 되면 금세 얼굴을 익힌 교우들이 생기고 서로 인사하면서 익숙한 모임이 된다. 동기 교우회에 머무르지 않고 수천 명이 활동하는 총교우회 참여는 이런 과정들을 이겨내며 가야 하는데, 꼭 그렇게 할 필요가 있다. 최고위 과정에 와서 동기들끼리의 관계에만 머무른다면 이건 정말 바보 같은 짓이다.

둘째, 기수 주요 임원으로 활동한다

최고위 과정에 주도적으로 가장 확실하게 참여하는 방법은 회장, 수석부회장, 사무총장, 동호회 회장 등 주요 임원을 맡는 것이다. 물론 주요 임원은 봉사직으로서의 취지가 있긴 하지만 명예에 따른 회비부담 의무를 갖는다. 그렇다 하더라도 주요 임원이 되면 모든 교우회 활동을 주도적으로 이끌며 관계 형성의 중심에 서게 된다. 특히 초창기에 교우회를 구성하고 초대 주요 임원을 맡는 것은 동기들에게 주는 각인 효과가 커서 상당한 의미가 있다.

사교성이 좋아 누구와도 금세 친해지는 사람이 있는 반면, 성격적으로 그런 게 쉽지 않은 사람도 있다. 이런 면에서 어려움을 겪는 사람이라면 의도적으로 주요 임원을 맡을 필요가 있다. 맡은 직책이 요구하는 활동을 하게 되면 자연스럽게 본인의 약점이 가려질 수 있기 때문이다.

나도 사교성이 부족해 사람을 잘 사귀지 못하는 성격이다. 가만히 있으면 항상 소외되어 있을 것 같았다. 그래서 입학 초기에 기수 사무부총장, 골프 총무 등 여러 가지를 맡았다. 그런 시작이 총교우회 사무총장을 두 번씩 하게 되는 상황을 맞게 했는데, 좋은 결정이었다고 생각한다.

셋째, 동호회 활동에 참여한다

동기 교우회든 총교우회든 동호회 활동을 하게 되면 많은 교우들을 폭넓게, 깊이 있게 만날 수 있다. 교우회 영역 내에서 친교할 수 있는 가장 좋은 장소이다. 산악회, 골프회, 비즈니스위원회, 와인 동호회, 봉사위원회, 독서회 등 취향에 따라 1~2개 정도의 동호회에는 가입해 활동을 할 필요가 있다.

교우회는 다양한 교류 플랫폼을 만들어 만남의 기회를 제공하는데, 가장 대표적인 이런 동호회 활동은 꼭 인맥을 만드는 목적이 아니라도 본인의 건강이나 즐거운 삶을 위해서도 필요하다.

넷째, 총교우회 임원으로 참여한다

동기들을 넘어서 보통은 수천 명이 참여하는 총교우회의 많은 교우들과 적극적인 인맥을 만들기 위해서는 총교우회 임원으로 활동할 필요가 있다. 총교우회 동호회 참여와 마찬가지로 총교우회 임원 활동도 넓고 깊이 있는 인맥 형성의 기회를 갖게 한다. 그리고 총교우회를 이끄는 회장을 비롯한 주요 임원단과도 교류를 할 수 있게 한다.

총교우회 임원단으로 참여하게 되면 여러 인맥을 만드는 기회뿐만 아니라 차후에 주요 임원으로도 선임될 수 있고 좋은 평판과 함께 능력을 인정받으면 총교우회 회장 선임의 권유를 받기도 한다. 잘 조직되고 운영되는 총교우회의 회장은 경제적인 부담은 따르지만 대단한 명예가 주어지기 때문에 충분히 도전해 볼만 하다고 생각한다.

2부

인맥 만들기 플랫폼 교우회 구성

'인사가 만사다'라는 말이 있다. 적합한 인재를 적재적소에 배치하여 일하게 하면 모든 일이 순리대로 잘된다는 의미다. 교우회도 사람이 모여 일하는 곳이다 보니 어떤 사람이 회장, 사무총장 등의 핵심 임원을 맡느냐에 따라 결과는 판이하게 나타난다. 보통 말하는 '교우회가 잘된다' '안된다'의 평가는 회장, 사무총장의 마인드와 노력으로 결정된다. 그래서 교우회는 핵심 임원인 회장, 사무총장을 잘 선출하고 선임해야 한다. 매우 중요하다.

많은 비용과 시간을 투자해 최고위 과정에 '뜻한 바'가 있어서 왔는

데 그 '뜻한 바'를 이루어지게 할 수도, 이루어질 수 없게도 하는 사람이

회장과 사무총장이다. 이런 중요한 역할을 하는 회장과 사무총장을 너

무 고민 없이 선출하는 경향이 있다. 그래선 안 된다. 교우회의 성패를

좌우할 핵심적인 일이라고 생각해야 한다.

    2부에서는 교우회 핵심 임원인 회장과 사무총장을 어떤 사람이 맡는

게 좋은지와 주요 임원단을 어떤 사람으로 구성해야 할지에 대한 내용

등을 담았다.

회장은 어떤 사람이
되어야 할까?

회장은 교우회의 중심이고 상징이다. 훌륭한 회장을 선출하는 것은 잘되는 교우회를 위한 첫 번째 중요한 일이다.

동기 교우회에서는 과정이 시작되고 오랜 시간이 지나지 않아 '회장감'이라고 할 만한 사람들이 금방 드러난다. 뛰어난 재능은 숨겨도 남의 눈에 뜨인다는 낭중지추처럼, 리더의 자질을 갖춘 사람들은 교우들의 눈에 금방 띄게 돼 있다. 이렇게 회장감이라고 할 만한 교우 중에 가장 적합하다고 인정되는 사람을 자연스럽게 추대하는 것이 바람직하다. 편 가르기나 외부 누군가의 입김에 의해 결정된다면 리더십을 발휘하지 못하거나 중도에 문제가 생겨 교우회 운영을 제대로 못 할 수도 있다. 본인이 자원하는 경우라도 교우회를 이끌 만한 리더십이 없다고 판단되면 맡지 않도록 해야 한다.

총교우회장은 더 엄격한 기준에 의해 선임할 필요가 있다. 꾸준한 교우회 활동을 통해 교우들에게 큰 조직의 리더로서 적합한 자질을 갖췄다고 평가받는 교우 중에서 신중하게 선임해야 한다. 교우회 운영의 최종 결정권자로서 독선적이거나 상식적이지 않은 판단을 하는 사람이 선임되면 교우회는 순식간에 여러 가지 문제가 생긴다. 교우들이 총교우회를 불신하여 행사에 참여하지 않고 회비 납부도 하지 않게 된다.

차기 회장이 새로 선임되어 이런 문제 상황들을 정상화하려면 많은 시간과 에너지를 쏟아야 한다. 교우회가 발전되어 나아가는 모습을 보여야 하는데, 뒷수습에 큰 비용을 지불하게 되는 것이다. 그래서 검증된 총교우회장을 선임하는 것은 전체 교우와 밀접하게 관련된 매우 중요한 문제다.

이런 중요한 역할을 하는 회장을 선임할 때 교우들은 어떤 자질들을 봐야 할까?

리더십

성공적인 삶을 살아온 개성 강한 교우들을 이끌 수 있는 리더십이 있어야 한다. 다양한 갈등이 있거나 이해관계가 얽힌 복잡한 경우라도 전체를 아우르며 무리 없이 교우회를 이끌 수 있어야 한다. 교우회가 운영되다 보면 다양한 상황들이 생긴다. 이럴 때 회장은 리더십을 발휘하여 원만하게 그 상황들을 정리해 나갈 수 있어야 하고 그 문제 해결 방식과 결과가 교우들에게 납득이 되어야 한다.

권위와 품위

회장은 한 모임의 수장으로서 권위가 있어야 한다. 보통 권위적이라고 하면 부정적인 의미를 갖으나, 여기서 말하는 회장으로서의 권위는 말과 태도가 품격이 있어 존경할 만한 것으로서의 의미를 얘기하는 것이다. 이런 회장이 갖는 권위는 그 모임의 격(格)을 나타내는 것이기도 하여 회원 전체의 위신과도 관련이 있다.

회장의 행동과 태도는 무게감과 품위가 있어야 한다. 늘 행동할 때 모임을 대표한다는 생각을 가져야 하며 본인이 보여지는 모습이 교우들의 자존감에도 영향을 줄 수 있다는 것을 염두에 둬야 한다. 회장의 행동이 경박해 교우들이 민망해하는 경우는 없어야 한다.

특히 조심해야 하는 것은 말이다. 절제되고 품위 있게 말해야 한다. 회장의 행동과 말은 모임의 수준을 나타내는 것이기도 하기 때문에 늘 주의해야 한다. 비속어나 욕설, 지나친 성적 농담 등을 해서는 안 된다.

포용력

교우회는 개성 강한 사람들의 집합체다. 산전수전 겪으며 결국 성공의 지위에 올라 자신감 넘치고 기가 센 사람들이 모여 있는 곳이다. 이런 교우회가 무리 없이 원만하게 운영되기 위한 회장의 모두를 아우르는 포용력은 매우 중요한 덕목이다. 일반적으로는 최고경영자 과정에 올 정도의 사람들은 개성이 강하기도 하지만, 수양이 된 사람들이기도 하다. 그래서 갈등 상황에서도 부드럽게 원만하게 의사를 개진하고 이해하려고 한다. 그 정도로 소양 있는 사람들의 집합체다. 전체적으로 이런 모습을 보인다면 교우회 분위기는 상당히 점잖고 격 있는 모임으로 운영될 수 있다. 회장으로서도 존중받는 분위기가 형성되고 교우회 운영도 무리가 없다.

하지만 모두 이런 사람들로 구성되진 않는다. 편을 가르는 사람이 있으면 교우회는 금세 갈등 상황들을 겪게 된다. 성격이 너무 강해 분란을 일으키는 교우가 있을 수도 있다. 회장은 이런 다양한 상황에서도 포용적 리더십을 발휘해 모두를 아우르며 원만하게 교우회를 이끌 수 있어야 한다.

경제력

교우회는 각 직책별 회비를 책정하고 이 회비를 받아 운영한다. 회장은 당연 최고액의 회비를 내도록 정한다. 교우회 구성 초기에는 꽤 큰 금액의 회비가 책정되는데, 그런 큰 금액을 교우회에 내고 봉사까지 하는 회장을 교우들은 존중하지 않을 수 없다.

회장의 금전적 부담은 책정된 회비를 내는 것으로 끝나지 않는다. 다양한 행사에서 금전적 찬조를 또 요구받는다. 회장에게서 기대하는 수준의 금전적 찬조가 이뤄지지 않으면 금세 인색하다고 수군대는 사람들이 생기게 된다. 이런 상황들이 누적되면 리더십에는 금이 가게 된다.

최악의 경우는 책정된 회비 전부를 내지 않고 일부만 낼 때다. 이러면 회장의 권위는 바로 땅에 떨어지고 교우회를 망친 사람으로 지탄을 받게 된다. 이런 사람이 회장을 맡게 되면 교우회 분위기는 엉망이 된다.

회장은 어느 정도 경제력이 받침이 되어 책정된 회비 납부는 기본이고, 돈을 써야 할 상황에서 인색하지 않게 돈을 쓸 수 있는 사람이 맡는 게 바람직하다. '돈은 잘 쓴다'는 것은 돈을 많이 쓴다는 의미가 아니라 써야 할 상황에서 시의적절하게 쓴다는 의미이다. 회장은 이런 감각이 있어야 한다.

권한의 위임

교우회의 일은 사무총장이 중심이 되어 진행되는 것이 바람직하다. 교우회 전반을 사무총장이 기획, 진행하도록 하고 회장은 진행 상황을 중간중간 보고 받는 체계를 권한다. 중요 사항에 대해서도 사무총장과 협의하여 결정하는 것이 좋다. 물론 이런 체계가 정착되기 위해서는 사무총장이 간섭받지 않을 만큼 일을 잘해야 한다. 이렇게 됐을 때 회장은 대부분의 권한을 사무총장에게 위임하여 사무총장이 주도적으로 일을 하도록 하는 게 바람직하다.

최악의 상황은 사사건건 모든 일을 직접 살피는 것이다. 이러면 사무총장도 일할 맛이 안 나고, 일을 하고도 보람을 느끼지 못한다. 초기에 조금 만족스럽지 못하더라도 조언해 주면서 사무총장이 스스로 해나갈 수 있도록 만드는 게 필요하다.

회장 인사말의 요령

교우회의 상징으로서 가장 큰 책임과 권한을 갖는 회장에게 는 모든 행사에서 가장 먼저 공식적인 '말'을 할 권리를 준다. 교우회 행사가 있게 되면 빠질 수 없는 게 '회장의 말'인데, 권 리로써 이것을 즐기는 회장도 있지만 말하는 것에 대한 스트레 스를 갖는 회장도 있다. 말하는 것에 대한 부담 때문에 스피치 학원을 다니기도 한다.

교우회 행사는 회장의 '인사말'로 시작된다. 회장은 인사말 을 통해 교우들을 격려하기도 하고 감사를 표하기도 한다. 교 우회가 나아가야 할 방향에 대해서도 얘기한다. 모든 메시지 전달을 말을 통해 하는 것이다. 따라서 상황에 맞는 시의적절한 말을 할 수 있는 능력은 회장이 갖추어야 할 매우 중요한 자질 중 하나다. 그 말에 따라 교우의 생각과 분위기가 달라진다. 회장의 말에 따라 교우들이 뭉치기도 하고 마음이 멀어지기도 한다.

말하는 능력이 부족하다고 염려할 필요는 없다. 대부분 예고된 행사에서의 말이기 때문에 사전에 준비하면 된다. 말하기에 능숙한 사람들은 미리 생각을 정리해 원고 없이 말하기도 하지만, 소규모의 가벼운 자리가 아니라면 회장은 원고를 미리 작성해 말하는 것이 좋다. 메시지를 일목요연하게 전할 수 있고 당일 행사를 위해 공들여 준비했다는 인상도 줄 수 있기 때문이다.

절대 권하지 않는 것은 많은 교우가 모인 큰 행사에 원고 없이 말하는 것이다. 원고를 외우지 않고서야 아무리 말을 잘하는 사람이라도 두서없이 얘기하게 되고 무엇보다도 참석자들에게 행사에 성의 없이 임한다는 인상을 줄 수 있기 때문이다.

회장은 말을 할 수 있는 권리를 최대한 활용하여 교우들을 이끌어야 한다. 회장은 어떤 말을 어떻게 해야 할까? 앞 장 '회장은 어떤 사람이 되어야 할까'에 정리한 것처럼, 회장의 언어를 사용해야 한다. 절제되고 품위 있는 표현을 해야 하며 비속어, 욕설, 성적인 농담 등은 하지 말아야 한다. 회장의 언어는 그 모임의 수준을 나타내기 때문에 교우들이 민망해하는 정도의 말은 절대 삼가야 한다.

이 장에서는 회장이 어떤 말을 해야 할지에 대한 내용을 적었다. 크고 작은 행사 식순에 반드시 들어가는 '회장 인사말'에 어떤 내용을 담을지에 대한 것이다.

회장 인사말에 담겨야 할 내용

① 교우들에 대한 감사 표현

당일 행사 참여와 그동안 보내주신 성원에 대한 감사를 표한다.

② 참석 내외빈에 대한 감사 인사

당일 참석한 내외빈에 대한 감사 인사를 한다. 일반적으로 외빈에 대해 먼저 감사 인사를 하고 내빈에 대해 한다.

③ 당일 행사의 의의

전통과 규모 등을 포함하여 당일 행사가 갖는 의의에 대해 언급한다.

④ 교우회의 현황과 자부심

교우들의 자부심을 고취할 수 있는 교우회 활동 현황들을 나열한다.

⑤ 교우회가 지향하는 방향

교우회를 어떤 목표와 방향을 가지고 운영하는지를 밝힌다.

⑥ 마무리

행사를 즐길 것을 권유하면서 다시 한번 축하나 감사를 표하는 것으로 마무리한다.

위 내용이 순서에 얽매일 필요는 없다. 모든 인사말에 위 내용이 꼭 다 들어갈 필요도 없다. 일반적으로 들어가는 내용으로 보면 되고 자유롭게 쓰면서 맥락에 맞게 넣으면 된다.

회장 인사말 쓸 때 주의할 사항

① 분량

행사 성격에 따라 다르겠지만 일반적으로 3~5분 정도의 내용이면 무난하다. 참석자들이 지루할 정도의 분량은 내용에 상관없이 감점 요인이다.

② 내용

교우회 얘기를 담아야 한다. 우리들 얘기여야 한다는 것이다. 그래야 참석자들도 귀를 기울인다. 가볍게 경기 상황 정도를 넣는 거야 상관없지만 특별한 전문가가 아닌 이상 거창하게 세계 경제, 국가 경제, 철학적 주제 등을 넣는 것은 바람직하지 않다. 범위를 벗어난 주제의 얘기는 전체 내용에 대한 신뢰도 떨어뜨린다.

③ 단어 선택

평상시에 본인이 사용하는 정도의 쉬운 단어를 사용하는 게 좋다. 그래야 말할 때도 편하고 듣는 참석자들도 편하게 듣는다. 평소에 사용하는 회장의 언어와 많이 다르면 교우들은 부자연스러워 할 것이다. 이 부자연스러움은 회장 본인의 메시지인가도 의심하게 할 것이다.

④ 낭독 연습

인사말을 작성했으면 반드시 여러 번 낭독해 보아야 한다. 문어체와 구어체는 다르기 때문에 작성한 내용을 낭독해 보지 않으면 평상시 본인이 사용하는 어투로 수정할 수가 없다. 평상시에 사용이 많지 않은 단어들은 발음 연결이 잘 되지 않는다. 이런 단어들은 여러 번 반복하면서 입에 익숙하게 해 두어야 현장에서 발음이 꼬이지 않는다. 낭독하면서 어느 부분에서 호흡을 할지도 원고에 표시해 놓으면 훨씬 자연스런 인사말을 할 수 있다.

회장 인사말 예시

송년회 인사말

존경하는 교우 여러분,

저는 오늘 2023년 교우회 마지막 행사를 이렇게 많은 교우님들과 가족 그리고 초청 외빈 분들을 모시고 진행하게 되어 참으로 감개무량합니다. 오늘 많은 분을 모시고 성대하게 최고경영대상 시상식 및 송년 후원의 밤을 진행하게 된 것뿐만 아니라, 코로나19 이후 교우회 행사 복원에 대해 연초에 가졌던 우려가 이제는 말끔히 사라졌다고 생각하기 때문이기도 합니다.

2월에 진행했던 22대 교우회 발대식을 시작으로 300분 넘게 참여해 주신 총교우단합등산대회, 81팀 320여 교우와 가족분들이 참가한 총교우회장배 골프대회, 많은 분이 참석해 식사가 모자랄 정도로 성황을 이뤄주셨던 조찬 세미나까지…, 올해 진행했던 모든 교우회 행사들이 최고 AMP의 모습을 보여주는 데 손색이 없었습니다.
모두 교우님들의 참여와 성원 덕분입니다.
정말 감사드립니다.

올해를 마무리하는 이 뜻깊은 행사에 존경하는 고대 교우회 ○○○ 회장님, 고대경영대학원 ○○○ 원장님, 고대 대외협력처 ○○○ 처장님, 고대AMP ○○○ 주임교수님.
바쁘신 중에도 참석해 자리를 빛내 주셔서 감사합니다.

그리고
지금의 대한민국 최고 AMP를 만들어 주시고 늘 든든한 후원자가 돼 주시는 ○○○ 상임고문님, ○○○ 고문님, ○○○ 고문님, ○○○ 고문님, ○○○ 고문님, ○○○ 고문님, ○○○ 고문님도 자리를 함께해 주셨습니다.
정말 감사합니다.

무엇보다 오늘, 본인의 손으로 일군 사업체를 오랫동안 안정적이고 성공적으로 키워오신 두 교우님께 고대AMP 최고 영예인 경영대상을 드리게 되어 매우 기쁘게 생각합니다. 원목마루 부문에서 최고급 브랜드로 자리매김하며 사모님들의 로망으로 인식되는 ○○○○○○의 ○○○ 교우님, 20여 년의 연구와 기술개발로 전기 자동차 충전기 분야에서 가장 안전하고 품질 좋은 제품을 만든다고 평가받는 ○○○의 ○○○ 교우님, 두 분께 경영대상을 드리게 되어 정말 자랑스럽고 기쁩니다. 두 분 다시 한번 축하드립니다.

우리 고대AMP는 곧 50주년을 맞습니다. 그동안 여기 계신 고문님들의 땀과 헌신, 그리고 5천여 교우님들의 참여와 열정으로 고대AMP는 대한민국 최고의 자리에 우뚝 섰습니다. 이 빛나는 성과는 저에게 한편으로 큰 부담이기도 하지만 자부심이기도 합니다. 저는 이런 고대AMP의 명성에 뭔가 더 큰 성과를 얹겠다고 약속하기보다는 22대 교우회 발대식에서도 말씀드렸듯이 교우님들이 고대AMP에 온 목적, 그 본질에 충실한 교우회를 만들기 위해 계속 노력하겠습니다. 또한 교우회 창립 50주년을 착실히 준비하고 더 공고한 기반 위에서 100주년을 향해 나아갈 수 있도록 하겠습니다. 교우님들의 지금과 같은 변함없는 성원을 부탁드립니다.

오늘 행사의 명칭은 '최고 경영대상 시상식 및 송년 후원의 밤'이지만 '송년 파티'이기도 합니다. 가벼운 마음으로 올 한 해를 돌아보며 교우들과, 가족들과 행사를 즐겨 주시기 바랍니다.

감사합니다.

골프대회 대회사

반갑습니다.

아직 더위가 온전히 물러나지 않은 8월 말이고 여러 가지 행사가 몰려 있는 시기임에도 이렇게 시간을 내 오늘 대회에 참석해 주신 교우님들과 가족 그리고 외빈 분들께 먼저 감사의 말씀 드립니다.

특별히 이번 대회에도 많은 성원과 후원을 아끼지 않으시고 직접 참석도 해 주신 ○○○ 상임고문님, ○○○ 고문님, 정말 감사드립니다.

또 오늘 이 자리에는 정말 모시기 힘든 분들이 오셨습니다. 고려대학교의 위상을 세계 속에 드높이고 계시는 ○○○ 고려대학교 총장님, 유연하고 창의적인 리더십으로 고대 경영대에 새바람을 일으키고 계시는 ○○○ 원장님, 고대 발전의 중심에 서 계시는 ○○○ 대외협력처장님, 고대AMP 교육과정을 책임지고 계시는 ○○○ 주임교수님, 이렇게 참석해 주셔서 오늘 행사가 더욱 빛이 나는 것 같습니다. 다시 한번 감사드립니다.

오늘 총교우회장배 골프대회는 골프장 섭외 문제 때문에 예년과 달리 한 달 앞당겨 진행하게 되었습니다. 이 부분 때문에 준비 초기에 참가 신청이 적어 많은 걱정을 하기도 했었습니다. 하지만 교우회의 참여 독려 요청에 많은 기 회장님, 사무총장님들께서 적극적인 협조해 주셨고 그 결과, 오늘 보시는 것처럼 80팀이 넘는 성대한 대회로 치르게 되었습니다. 도움을 주신 기 회장님, 사무총장님들과 적극적으로 호응해 주신 교우님들께 정말 감사하다는 말씀드립니다.

이번 대회에는 브로셔에 보시는 것처럼 정말 많은 분들의 후원이 있었습니다. 경기가 어려운 상황임에도 후원 내역을 1회 문자 발송에 다 담을 수 없을 만큼 많은 후원을 해 주셨습니다. 후원해 주신 모든 분들께 진심으로 감사드립니다.

총교우회장배 골프대회는 5월 등산대회와 더불어 교우님들이 모처럼 야외에서 함께 즐길 수 있는 축제이면서 또한 우리 고대AMP가 왜 대한민국 최고인지를 보여주는 행사이기도 합니다. 오늘 참석해 주신 교우님들의 참여와 열정으로 우리는 이런 모습을 다시 한번 충분히 보여주고 있다고 생각합니다.

존경하는 교우 여러분.

즐기지 않은 오늘은 내 것이 아닙니다. 미뤄 둔 행복과 즐거움도 마찬가지입니다.

오늘의 이 축제를 맘껏 즐기시기 바랍니다.

감사합니다.

등산대회 인사말

안녕하세요? 반갑습니다.
저는 오늘 꼭 소풍 온 기분이 듭니다. 어릴 적 설레는 마음으로 기다렸던 그 소풍을 온 것 같습니다. 여러분도 그렇지 않으신가요?

긴 코로나를 잘 견디고 이렇게 건강한 모습으로, 이 좋은 곳에서 교우님들을 다시 뵈니까 너무 반갑습니다.

이번 행사를 준비하면서 긴 코로나로 인해 모이는 것에 대한 부담 때문에 많이 오시지 않으면 어떻게 하나 하는 걱정이 조금 있었습니다. 하지만 오늘 보시는 것처럼 300분 넘게 행사에 참가해 주셨습니다. 저는 이걸 보면서 우리 고대 AMP를 대한민국 최고AMP라고 하는데, 오늘 참여해 주신 여러분의 이런 열정이 대한민국 최고 AMP를 만든 원동력이라는 생각을 다시 한번 하게 됐습니다. 정말 감사합니다.

저는 오늘의 우리 고대AMP를 얘기할 때 빠뜨릴 수 없는 부분이 고문님들의 열정과 리더십이라고 생각합니다. 14, 15, 16대 교우회장으로서 고대AMP가 대한민국 최고AMP가 되는데 초석을 놓으신 ○○○ 고문님, 19대 교우회장으로서 고대AMP의 전성기를 이끄셨던 ○○○ 고문님, 20, 21대 교우회장으로서 어려운 코로나 상황에서도 교우회를 잘 이끌어 주신 ○○○ 상임고문님, 이 분들의 열정과 헌신이 있었기에 우리가 최고AMP로서의 자부심을 갖게 되지 않나 생각합니다.
여러분, 세 분 고문님들께 큰 박수 한번 부탁드립니다.

교우회는 발대식 때 말씀드린 여러 계획들을 차근차근 진행하고 있습니다. 그중에 한 가지만 말씀드리면, 교우 정보와 모든 교우회 활동을 통합해 관리할 수 있는, 교우회 활동의 플랫폼 역할을 할 수 있는 앱을 만들고 있습니다. 이게 완성되면 총교우회와 동호회 등의 모든 활동 정보를 이 앱에서 확인할 수 있고 소통도 이 앱을 통해서 하게 됩니다. 비즈니스위원회가 목표하는 교우 간 사업 연결도 이 앱을 통해 이루어 질 수 있습니다. 송년회 전에는 완성된 앱을 교우님들께 공개할 수 있지 않을까 싶은데요, 이런 것만 봐도 '고대 AMP는 다르구나' 하는 것을 느끼시게 되리라 생각합니다.

오늘은 다른 얘기보다는 오늘을 행복하게 보내는 데에 집중했으면 좋겠습니다. 오늘은 근심 걱정 다 내려놓으시고 걷고 구경하고 먹고 마시고 즐기는 하루가 되셨으면 합니다.

무엇보다 안전에 유의하면서 산행하실 분은 산에 오르시고, 평상시 등산을 잘 하지 않으셨던 분들은 산정호수 주변을 천천히 둘러보시면 좋을 것 같습니다.

끝으로 오늘 행사에 찬조와 협찬해 주신 분들께 진심으로 감사드립니다.

즐겁게 운동하시고 잠시 후에 다시 뵙겠습니다.

감사합니다.

사무총장은
어떤 사람이 잘할까?

교우회 운영의 성패는 사무총장 선임에 달려 있다. 혹자는 사무총장을 '조직의 꽃'이라고도 한다. 이 말에 전적으로 동의한다. 사무총장이 어떤 자세와 마인드로 교우회를 이끌고 운영하느냐에 따라 교우들의 최고위 과정에 온 본질적인 목적 달성 여부가 결정된다. 교우들이 최고위 과정에 와서 인생 2막의 친구들을 만나고 여러 목적의 인적 네트워크를 형성하는 데 있어서 플랫폼 역할을 하는 교우회를 운영하는 주체가 사무총장이다.

교우들은 교우회가 주관하는 여러 행사를 통해 서로를 알아가면서 친구가 되기도 하고 사업적으로 도움을 주고받는 관계를 만들기도 한다. 각자 원하는 바가 다를 수 있지만, 흔히 볼 수 있는 가장 중요한 성과는 인생 2막의 희노애락을 함께할 수 있는 친구를 얻는 것이다. 이런 부분 포함해서 교우들이 서로에게 의도하는 바가 무엇이든 그것을 이룰 수 있게 해 주는 가장 중요한 역할을 하는 사람이 사무총장이다.

이런 중요한 역할을 하는 사무총장을 선임할 때는 몇 가지 자질들을 살펴보고 적합한 사람을 골라야 한다. 본인이 해 보겠다고 선임을 요청하는 경우가 있는데 이런 사람은 특히 조심해야 한다. 대부분 영업 목적으로 들어와서 영업을 위한 방편으로 사무총장을 하려고 하는 경우인데, 세심하게 자질을 살피지 않으면 어처구니없는 상황을 발생시키기도 하고 분란을 일으켜 교우회를 혼란에 빠뜨리기도 하기 때문이다.

교우회 운영에 있어서 가장 중요한 역할을 하는 사무총장이 갖춰야 할 자질을 5가지로 정리해 보았다.

기획 능력

교우회의 일이라는 것은 행사의 진행이다. 행사를 진행하기 위해서는 그 행사를 어떤 취지로 어떻게 진행할 것인지에 대한 계획을 구체적으로 먼저 세워야 한다. 이때 필요한 자질이 기획 능력이다. 기획이라니까 거창하게 들릴지 모르지만 작은 행사라도 취지에 맞게 계획을 세우고 세부 사항을 정해 진행하는 것을 말한다. 취지를 제대로 알고 계획을 구체적으로 세울 줄 알아야 한다.

코로나19로 몇 년 만에 기 송년회를 하는 경우, 다른 행사 내용은 예년과 비슷하게 진행되더라도 이런 경우라면 꼭 빠지지 말아야 할 것이 모처럼 만난 교우들이 근황을 각자가 얘기할 기회를 주는 일이다. 오래간만에 만난 교우들의 최근 상황에 대한 얘기는 한마디 들을 기회도 없이 전체 참여 오락이나 퀴즈 풀기 같은 행사로 채워진 송년회를 보고 귀가한다면 많은 아쉬움이 남을 것이다. 이렇게 상황에 맞는 행사 내용을 기획하고 진행할 수 있어야 한다.

많은 교우가 참석하는 총교우 송년회 같은 경우 어설픈 장기 자랑 수준의 공연을 올려선 안 된다. 총교우 송년회 정도면 교우들의 기대치가 있고 어느 정도 거기에 맞는 수준의 공연을 올려야 한다. 이런 것들을 고려하여 거기에 맞게 행사를 준비하는 능력도 기획 능력이다.

　기획 능력에는 교우회 운영에 필요한 문서를 작성하는 능력도 포함된다. 운영의 많은 부분은 문서로 정리되어 발표되고 보고되기 때문이다. 이런 작업들이 체계적으로 이루어지지 않으면 그 모임은 정리된 데이터들이 축적되지 못하고 늘 주먹구구식으로 진행되고 자료는 남지 않을 것이다.

　전문가 수준의 기획 능력을 요구하지는 않지만 어느 정도의 문서 작성 능력은 필요하다는 것이다. 이런 측면 때문에 이왕이면 사무총장은 문서 작성 실무를 해본 사람이 맡는 게 좋다. 다 그렇다고 할 수는 없겠지만 젊어서부터 사업을 시작해 자수성가한 분들은 이런 부분에 좀 약한 면이 있다. 그래서 이런 분들은 사무총장으로는 적합하지 않다. 사무적인 실무를 경험해본 교우 중에 한 분을 선임할 것을 권한다.

공감력

　교우회에는 몇 가지 공통된 목적을 가진 다양한 사람들이 모여 있고, 거기서 일부 사람들로 집행부를 꾸리고 보통은 집행부가 주도하는 방향으로 운영이 된다. 집행부의 핵심인 사무총장은 이런 다양한 구성원들의 의도를 공감하고 공통 분모가 많은 방향으로 모임을 운영해야 한다. 일부만이 아니라 전체 구성원들이 동의할 수 있는 방향의 사업들이 진행되어야 한다는 것이다. 일부가 공감하지 못하는 부분이 있다면 이해를 구하고 설득을 통해 전체가 결국은 이의없이 동참하도록 해야 한다. 이런 세심한 고려 없이 너무 집행부의 생각대로만 교우회를 운영하다 보면 불만이 생기게 되고 이게 누적이 되면 갈등이 표면화되어 어려운 상황을 직면할 수도 있다. 교우회 운영에 불만이 있는 교우들은 교우회 행사에 나오지 않는다. 이런 교우가 많아지면 당연히 교우회는 운영이 잘되지 않는다.

모두의 입장을 고려할 수는 없겠지만, 사무총장은 교우 각자가 가질 수 있는 입장을 고려하고 가급적이면 다양한 욕구와 니즈를 충족시키며 교우회를 운영할 수 있어야 한다.

공인 의식

모임을 갖다 보면 교우회 운영에 대해 정말 다양한 의견이

나온다.

사무총장을 할 때 회비 거출에 대한 회의에서, 어떤 분이 연회비를 걷지 말고 있는 회비를 다 쓰고 회비가 바닥나면 그때부터 연회비를 걷자는 의견을 제시했다. 누군가는 일리가 있다고 생각할 수 있지만, 이런 의견은 교우회 운영에 있어서는 일고의 가치도 없는 의견이다. 사무총장을 비롯한 집행부는 교우회 전체를 위한 공인 의식을 발휘하여 이런 의견을 거를 수 있어야 한다. 참고는 할 수 있지만 버려야 하는 의견인 것이다. 왜냐면 회비를 다 쓰고 나서 새롭게 걷는다는 것은 현실적으로 불가능하기 때문이다.

교우회를 구성하고 나서 어느 정도 큰 금액의 회비를 조성할수 있는 시기는 초창기다. 시간이 지나 모임에 대한 열의와 관심도가 떨어지면 축소된 개인별 연회비 정도 납부하는 분위기로 바뀌기 마련이다. 따라서 초기에 조성된 회비를 우선 쓰고나중에 회비가 바닥나면 다시 걷자는 얘기는, 있는 돈 쓰고 돈떨어지면 모임을 그만하자는 얘기와 같다. 이런 상황들이 생겼을 때 사무총장은 공인 의식을 발휘하여 교우회 발전 측면에서전 교우들의 상식적인 생각을 대변할 수 있어야 한다.

동호회별 연간 예산을 배분할 때 동호회에서는 가능한 많은 예산을 배분받기 위해 무리한 요구를 하기도 한다. 이런 때 사무총장의 공인의식이 발휘돼 모임의 장기적인 계획하에 어느 정도의 예산이 타당한가를 고민하고 적정하게 배분할 수 있어야 한다. 자칫 회원들끼리 좋은 게 좋은 거라는 식으로 원하는 대로 배분을 하다 보면 회비는 금세 고갈될 수밖에 없다. 교우회는 회비 고갈과 함께 끝난다고 보면 된다.

사무총장은 다양한 상황에서 교우회의 운영과 유지를 위해 의견들을 어떻게 취사 선택해야 할지를 공인 의식을 가지고 판단할 수 있어야 한다.

행사 사회를 보는 능력

모든 교우회의 사업은 행사를 진행하는 것이다. 여기에는 반드시 진행하는 사회자가 있다. 사회를 누가 어떻게 보느냐에 따라 행사가 성공적으로 진행되기도 하고 참여자들에게 실망감을 주기도 한다.

어떻게 하는 것이 사회를 잘 보는 것인가? 아나운서처럼 말을 잘해야 할까? 아니면 유머 구사를 잘해서 참가자들을 웃게 해야 할까? 이런 게 다 실현된다면 더없이 좋겠지만, 전문가가 아닌 이상 그렇게 하기는 어렵다. 그럼 어떻게 준비하고 진행해야 아마추어로서 사회를 잘 보았다는 얘기를 들을 수 있을까?

방법은 행사 처음부터 끝까지 시나리오를 작성해 진행하는 것이다. 완성도 있는 시나리오는 성공적인 행사의 진행을 보장한다고 할 수 있다. 아나운서처럼 말을 잘 하지 않아도 순서에 따라 시나리오대로 한다면 매끄러운 진행을 할 수 있다. 시나리오를 작성하면 행사 진행 전반에 대한 구상을 세부적으로 하게 되고, 그 내용을 적게 되고, 거기에 맞춰 진행하게 되기 때문에 실패의 가능성을 현저히 낮출 수 있다.

시나리오가 잘 작성되었다면 시나리오대로 시연을 해봐야 한다. 머릿속에서 아무리 잘 구상을 했다 하더라도 시연을 해보면 보완해야 할 것들이 드러나게 되어 있다. 완성도 있는 시나리오와 꼼꼼한 시연 및 보완은 성공적인 행사의 필수 조건이다.

사회를 보는 능력은 사무총장 자질 중에서 그 중요성이 매우 크다고 할 수 있는데, 이것은 타고난 능력보다는 준비 여하에 따라 결정되는 부분이다. 따라서 사무총장은 전체 행사를 상상하면서 세심하게 시나리오를 작성해 행사를 군더더기 없이 진행하도록 사전에 철저하게 준비해야 한다. 이렇게 준비를 하면 행사를 물 흐르듯 자연스럽게 진행할 수 있다.

시간 여유

총교우회는 사무국이 있고 거기에 상근 직원이 있다. 실무적인 것들은 사무국에서 준비하고 진행하면 된다. 총교우회 사무총장은 사무국에 자주 가지 않더라도 유선이나 SNS, 메일로 소통하면서 일을 처리할 수 있다. 기획하고 협의하고 실무적인 진행 사항을 점검하는 일이 주요 업무이다. 행사가 있을 때는 주도적으로 행사를 진행하는 역할을 해야 한다.

본업이 따로 있는 사무총장이 이 일을 병행하기 위해서는 어느 정도 시간적 여유가 있어야 되는 것은 당연하다. 너무 본인 일이나 사업이 바쁜 사람이 맡게 되면 여러 가지 문제가 생길 수밖에 없다.

기 사무총장이라면 기획과 실무, 진행을 거의 혼자서 해야 하기 때문에 시간적 여유는 더 필요하다. 너무 본인 사업이 바쁜 사람은 그래서 적합하지 않다. 선임 전에 이런 부분도 잘 고려해야 한다.

이런 자질을 다 갖춘 교우가 사무총장을 맡는다면 그 교우회는 잘될 수밖에 없다. 하지만 다 갖춘 적합한 교우가 모든 교우회에 있진 않을 것이다. 그렇다 하더라도 주의할 것은 교우회 운영 성패의 관건이 될 수 있는 사무총장 선임에 있어 신중을 기해야 한다는 것이다. 의도를 가지고 해 보겠다고 손을 든 사람에게 쉽게 "당신이 해봐"라고 해서는 안 된다. 그럴 능력이 있는지, 하고자 하는 의도가 무엇인지 등을 파악해 보고 선임을 해야 한다.

삼고초려라는 말이 있다. 본인이 거절하더라도 회장은 앞의 내용들을 참고하여 진심 어린 설득을 통해 적합한 사람을 사무총장에 선임해야 한다. 교우회의 성패가 거기에 달려 있기 때문이다.

회장과 사무총장

교우회 구성에 있어서 가장 핵심적인 두 사람이다. 회장은 교우회의 상징이자 대표이고, 사무총장은 교우회의 모든 일을 계획하고 진행·관리하는 사람이다. 교우회의 거의 모든 일이 두 사람의 의지와 능력 범위 안에서 이루어진다고 볼 수 있다. 이 두 사람의 호흡이 잘 맞으면 그 교우회는 잘될 수밖에 없다. 교우회의 성공과 실패가 두 사람에게 달려 있는 것이다. 그래서 회장과 사무총장의 선임은 정말 신중하게 잘해야 한다.

이렇게 중요한 회장과 사무총장은 어떤 관계로서 일을 해야 할까? 서로에 대한 인식을 어떻게 가져야 가장 바람직한 관계를 유지하며 성과를 낼 수 있을까?

권한의 위임과 전문경영인

회장은 교우회를 대표하며 교우회 운영에 관한 모든 권한을 갖고 책임을 진다. 사무총장은 회장이 갖는 권한을 위임받아 교우회 운영에 관한 모든 실무적인 부분을 맡아 진행한다. 이런 측면에서 사무총장은 교우회 운영에 관한 모든 것을 위임받아 진행하는 존재이다. 물론 위임받은 권한을 사무총장이 마음대로 쓸 수는 없다. 주요한 내용에 대해서는 회장의 컨펌을 받아야 하고 사안에 따라서는 교우회 주요 임원단의 승인을 받아야 한다. 이런 부분을 감안하더라도 사무총장은 규정의 범위 안에서 권한을 위임받아 회장을 대신하여 교우회를 운영하는 전문경영인이라고 할 수 있을 것이다.

가장 이상적인 회장 사무총장 관계는 능력 있는 사무총장에게 회장은 모든 교우회 운영의 권한을 주고 중요 사안은 협의하게 하는 것이다. 물론 권한을 위임했는데 사무총장이 위임받은 권한을 잘 사용하지 못하는 경우가 생길 수 있지만 부족한 부분은 보완을 해 주더라도 교우회 운영은 사무총장 주도로 운영되도록 하는 게 맞다.

교우회가 잘 운영되기 위해 회장은 사무총장 선임에 정말 신중을 기해야 한다. 이것이 교우회 성공 운영의 관건이 되기 때문이다. 정말 신중해야 하는 또 하나의 이유는, 사무총장이 일한 결과를 가지고 회장 본인도 평가를 받기 때문이다. 회장이 모든 것을 좌지우지해 형편없는 결과를 만들어 낸 경우라면 어쩔 수 없지만, 사무총장에게 맡겼는데 운영이 미흡해 회장 자신도 좋지 않은 평가를 받는다면 억울할 수밖에 없을 것이다. 회장은 본인에게 책정된 비교적 많은 회비를 내고 얻고자 하는 것이 명예인데, 미흡한 교우회 운영으로 좋지 않은 평가를 받는다면 억울할 수밖에 없을 것이다.

이런 결과가 생기지 않게 하는 방법은 적합한 사무총장을 선임하는 것이다. 똑똑한 사무총장을 선임해 놓으면, 사실 회장은 교우회 운영에 그리 크게 신경 쓰지 않아도 된다. 교우회 전문경영인인 사무총장이 빈틈 없이 운영을 할 것이기 때문이다. 이런 모습이 가장 이상적이다. 그래서 회장은 삼고초려하더라도 능력 있는 사무총장을 선임해야 한다. 누군가가 자원한다고 해서 쉽게 선임할 일은 아니라는 것이다.

교우회든 동호회든 회장이 누구를 사무총장으로 선임하는가를 보면 운영이 잘될지 안될지가 예상이 되고, 그 예상은 거의 적중한다. 회장으로 선임되신 분들은 앞 장 '사무총장은 어떤 사람이 잘할까?' 부분을 참고해 사무총장 선임에 신중을 기하면 좋겠다. 외람된 생각일 수 있지만 교우회 운영의 성패는 회장보다 사무총장의 선임이 더 큰 영향을 주기 때문이다.

교우회는 물론이고 회장 자신에게도 정말 중요한 존재인 사무총장을 회장은 어떻게 대해야 할까? 회장 본인에 대한 평가의 키도 쥐고 있는 사무총장을 어떻게 생각해야 할까?

사무총장은 회장의 부하가 아니다

교우회 내에서 회장과 사무총장은 교우들로부터 권한을 위임받아 교우회 운영을 주도적으로 함께하는 핵심 임원이다. 이 위임된 권한은 회장으로부터 사무총장에게 다시 위임되어 최종적인 실무 운영 권한을 사무총장이 갖는 구조이다. 운영의 결과로서 같이 평가를 받게 되는 회장과 사무총장은 역할이 다른 공동운명체적 파트너 관계라 할 수 있다. 선임의 권한을 회장이 갖고 있기는 하지만 사무총장을 부하로 생각하면 안 된다. 운영 실무를 총괄하는 파트너다.

종종 사무총장을 부하로 생각하고 함부로 대하는 회장이 있다. 이것은 잘못된 것이다. 동기 교우회의 경우 회장과 사무총장은 같은 기수 안에서 직책을 이렇게 나눠어 맡았을 뿐 두 사람은 동기이기도 하다. 총교우회 회장과 사무총장의 경우는 기수가 같을 수도 다를 수도 있다. 동기 교우회든 총교우회든 회장과 사무총장은 회사처럼 위계 서열이 있는 상하 관계가 아니다. 사무총장이 회장의 부하가 아니라는 거다. 요즘은 꼭 그렇지 않지만(최근 기수는 사무총장이 회장보다 나이가 많은 경우도 있다) 보통은 회장이 나이가 많고 사무총장이 더 어리기 때문에 회장이 사무총장을 부하 다루듯 하는 경우가 있다. 회장이 이런 생각으로 사무총장을 대하면 금세 갈등이 생기고 삐걱거린다. 사무총장을 더 이상 못 하겠다는 얘기가 나오게 된다. 성공적으로 교우회를 이끌고자 한다면 회장은 절대 사무총장을 부하 다루듯 하면 안 된다. 그런 태도로 사무총장을 대하면 결국 결과에 대한 평가와 책임이 본인에게 온다는 것을 알아야 한다.

회장이 사무총장을 존중해야 하듯, 사무총장도 위임받은 실무 운영 권한을 공명정대하게 써야 하며 중요 사안에 대해서는 반드시 회장과 상의해 결정해야 한다. 본인에게 위임된 권한은 봉사가 전제된 권한이며 교우회 운영 및 발전을 위해서만 사용해야 한다는 걸 명심해야 한다.

사무총장은 회장을 명예롭게 해줘야 한다

교우회를 대표하는 수장으로서 회장이 기대하는 것은 명예이다. 다른 교우들보다 훨씬 많이 책정된 회비를 내고 교우회를 위해 봉사하는 존재로서 궁극적으로 얻고자 하는 것은 교우들의 좋은 평가와 직책 자체가 갖는 명예다.

사무총장은 회장을 명예롭게 해 줘야 한다. 운영의 결과로서 회장이 좋은 평가를 받도록 해 주어야 하며 모든 행사에 있어서도 주인공으로서 회장이 빛날 수 있도록 포커스를 맞춰 주어야 한다.

회장은 교우회를 대표하면서 교우들에게 위임받은 교우회 운영에 대한 권한을 사무총장에게 위임하고, 사무총장은 전문 경영인처럼 능력을 발휘해 최고 만족도의 교우회를 만들어 회장의 명예가 빛날 수 있도록 하고 사무총장 본인도 교우들에게 인정받는 그런 관계가 되어야 할 것이다.

임원단은 어떤 사람으로 구성할까?

훌륭한 교우들로 임원단을 구성하는 것은 원활한 교우회 운영을 위해 꼭 필요한 부분이다. 교우회를 같이 이끌게 되는 임원단은 교우회의 수준과 저력을 보여주기도 하는데, 여러 상황에서 집단지성을 발휘해 교우회를 바른 방향으로 이끌기도 하고 경제적인 면에서도 많은 도움을 준다. 장기적으로 교우회 발전을 계획한다면 능력있고 좋은 성향의 사람들로 임원단을 구성해 교우회를 같이 이끌어 가야 한다. 교우회는 여러 행사에서 임원단을 지위에 걸맞는 예우를 통해 명예와 자부심을 갖도록 해주어야 한다.

이렇게 교우회에서 중요한 역할을 하는 임원단은 어떤 품성을 지닌 사람들을 선임하는 게 좋을까? 몇 가지로 정리해 보고자 한다. 물론 이런 성품을 가진 사람들은 어떤 모임에서도 호평과 함께 존경을 받을 것이다.

품격이 있는 사람

중년의 나이면 각자가 살아온 흔적이 말과 태도와 얼굴에 배여 있기 마련이다. 몇 번의 모임이 끝나면 교우들 간에는 각자가 쌓아온 품격이 그대로 파악되기 시작한다. 1차적으로 그 사람의 품격은 언어를 통해 드러난다. 최고경영자과정에 올 정도면 어느 정도는 검증됐다고 보지만, 그중에서도 거친 표현과 상스런 욕을 입에 자주 올리는 사람도 있다. 격을 갖춘 사람들과 어울리려고 모임에 왔는데 그런 사람은 좋은 인상을 줄 리가 없기 때문에 자연스럽게 소외되게 된다. 살아온 세월 속에서 언어는 기본이고 행동과 태도에 품격이 쌓인 사람을 선임하는 게 좋다.

포용력이 있는 사람

여러 성향의 사람이 모인 교우회는 다양한 갈등 상황이 발생한다. 갈등이 생길 때마다 다툼이 노골화된다면 교우회는 오래 존속되기 힘들 것이다. 갈등 상황을 유연하게 풀어낼 줄 아는, 본인에게 설령 조금 손해가 나는 결정이라도 전체를 위하는 방향이라면 수용할 줄 아는 자세를 갖춘 사람이어야 한다. 조금 거슬리는 말을 듣더라도 유연하게 넘기지만 분위기를 해치지 않는 유머 한마디로 대응을 할 줄 아는 포용력 있고 세련된 사람이면 제격이다.

명예를 귀하게 여기는 사람

임원단은 어떤 형태이든 교우회에서 본인의 보직을 부여받은 사람이다. 동호회 회장이든 교우회 임명직이든 직책에 대한 명예를 귀하게 여기는 사람이어야 한다. 동호회나 전체 교우회에 누(累)가 되는 행동을 하는 사람이라면 자격이 없다. 본인이 갖은 직책에 걸맞는 명예심이 있는 사람이 적합하다. 설령

부담되는 일이라도 어떤 행위를 하지 않았을 때 본인의 직책이
갖는 명예에 손상을 준다면 감수하고 받아들일 수 있는 정도의
자세를 갖춘 사람이어야 한다.

경제적 여유가 있는 사람

임원단이나 동호회 회장은 교우회에 대한 꽤 큰 경제적인 부
담을 요구받는다. 대부분 교우회 회비 조성이나 주요 행사 때
임원단이 내는 찬조금이 없다면 교우회 운영이 제대로 되지 않
을 정도다. 이렇게 큰 경제적인 부담을 한다고 해서 그에 상응
하는 보상을 제대로 해 주는 것도 아니다. 직책이 갖는 명예와
거기에 따른 경제적인 부담이 항상 상응하지는 않는다. 교우회
를 위한 자발적 경제적 희생인 것이다. 따라서 교우들이나 회
원들은 임원단에 항상 감사하는 마음을 가져야 한다.

바늘과 실처럼 교우회에서의 직책과 경제적 부담은 항상 상
관관계가 명확하다. 임원단으로서 직책을 맡는 당사자는 반드
시 경제적 부담을 사전에 고려해야 한다. 그 부담이 본인에게
무리가 되는 상황이면 직책을 맡지 않는 게 맞다. 회비 부담 능

력이나 의사가 없는 상태에서 직책을 맡아 본인의 의무를 이행하지 않고 교우회에서 임원단에 해 주는 대우만 받고자 한다면 큰 비난에 직면할 것이다.

임원단은 교우회에서 요구하는 경제적 부담을 큰 무리 없이 응해줄 수 있는 정도의 경제력을 갖춘 사람이 맡아야 한다.

유머가 있는 사람

유머 감각은 나의 바람이다. 유머는 직책을 맡은 사람의 자질로서뿐만 아니라 세상의 모든 상황을 부드럽고 밝게 만드는 지혜로운 수단이다. 위에 나열한 여러 자질에 더해 유머 감각까지 있다면 금상첨화이다. 유머가 있는 사람과 같이 일을 하는 것은 큰 즐거움이고 축복이다. 유머 감각까지 있다면 더할 나위 없는 것이다.

3부

인맥 만들기 플랫폼
교우회 운영

교우회는 조직을 구성하고 회비를 조성하여 각 행사를 진행한다. 조직을 구성하고 회비를 조성하기까지가 준비 단계라고 하면, 회비를 관리 및 집행하고 각종 행사를 진행하는 과정은 운영 단계라고 할 수 있다. 준비 단계를 잘 거쳤다면 이제 교우회 운영을 통해 성과를 내야 한다. 여기서부터가 본 게임이라고 할 수 있다.

'교우회가 잘된다'라는 평가는 이 운영 단계에 대한 평가라고 할 수 있다. 사실 내용을 들여다보면 '잘된다'와 '잘 안 된다'의 차이는 한 끗 차이 정도다. 서로 소통하는 단체톡방에 어떤 운용 규칙이 있느냐, 문자를 보내는 정형화된 양식이 있느냐, 애경사 공지의 정해진 형식이 있느냐 등 이렇게 사소해 보이는 곳에서부터 교우회 운영에 대한 평가는 시작된다.

이런 사소해 보이는 것부터 정성을 기울이다 보면 어렵지 않게 잘되는 교우회를 만들 수 있다. 교우회만이 성장하고 품격 있게 운영되는 게 아니라, 그 교우회를 운영하는 사람들과 교우들 스스로가 자부심과 품격을 높일 수 있게 된다. 3부에서는 교우회 운영을 잘하기 위한 회비 조성과 관리, 소통 채널의 관리와 운용 등에 대한 노하우를 공개한다.

회비의 조성과 관리

총교우회는 1년 단위로 수입 지출이 이루어진다. 정기 이사회와 정기 총회에서 예산 승인을 얻고 매년 큰 변동 없이 정해진 수입 항목과 지출 항목에 따라 수입 지출을 관리한다. 차이가 나는 부분은 행사 때마다 현금 후원을 얼마나 받고 행사 규모를 어느 정도로 했느냐에 따라 달라지는 부분 정도이다. 따라서 총교우회 회비는 관리 체계도 비교적 명확하고 공식적으로 회계감사 후 정기 이사회와 정기 총회에 보고하는 시스템이 있기 때문에 문제될 것이 별로 없다.

관리 여하에 따라 문제가 많이 발생되는 경우가 기수 회비 사용할 때이다. 1~2년 단위로 회장, 사무총장이 바뀌면서 두 사람의 성향에 따라 단기간에 교우회비를 집중적으로 집행해 버리기도 하기 때문이다. 그래서 초창기에 규정을 만들어 거기에 따라 회비가 매년 일정하게 집행되도록 해야 한다.

회비가 고갈되면 그 모임은 더 이상 유지되기 힘들다. 보통 회비의 고갈은 그 모임이 생긴 후 많은 시간이 지나서 발생하기 때문에 모임의 동력도 떨어지고 회비까지 없는 상황이 되면서 자연스럽게 모임의 소멸을 받아들이게 된다. 이런 상황이 되면 일부 개인적인 친분이 있는 교우들끼리만 모임을 따로 갖게 되고 공식적인 행사는 더 이상 진행할 수가 없다. 기수 교우회 모임은 하지 못하고 개인적으로 총교우회 행사만 참석하게 된다.

교우회 초창기에 회비 사고가 발생하여 수료한 지 얼마 되지 않았는데도 기수가 해체되다시피한 경우도 있다. 어떤 기수는 수료 후 40여 년이 지났는데도 아직 회비가 몇천만 원이 남아 있기도 하다. 그 기수는 교우회를 유지하기 위해서 몇천만 원을 은행에 예금해 두고 행사할 때는 십시일반으로 조금씩 회비를 걷어 행사를 치른다고 한다. 그 예금해 둔 회비가 기수 교우회를 유지하는 동력이 되는 것이다. 회비의 힘이다.

회비는 투명하고 공정하고 계획성 있게 사용되어야 한다. 돈 문제로 갈등이 생기거나 불신이 초래되면 교우회가 잘 유지되기 어렵다. 이런 상황이면 어느 누구도 교우회 행사에 선뜻 찬조를 하지 않기 때문에 교우회가 활성화되기는 더욱 어려워진다. 그래서 회비는 회원 누구나 믿을 수 있게 사용되고 관리되어야 한다.

이렇게 중요한 교우회비를 어떻게 조성하고 관리 및 지출할 것인지 하나하나 살펴보도록 하자.

회비 조성

교우회의 회비는 초창기 교우회 구성 시기에 비교적 큰 금액으로 내는 직책별 회비와 매년 내는 연회비가 있다. 교우회 구성 시기에 내는 회비는 장기적으로 교우회를 운영하는 데 필수적인 재원이 된다. 이 시기에 회비를 잘 조성해 놓지 않으면 다시 큰 금액의 회비를 모으기는 쉽지 않다. 목표한 금액에 따라 회장, 수석부회장, 동호회 회장, 일반 교우 등 직책별로 정한 금액을 납부하도록 한다.

초창기 회비를 조성할 때 회원들은 다양한 반응을 보인다. 회의 때 공식적으로는 의견을 말하지 않다가도 회비 납부 요청을 하면 사무총장에게 "왜 이렇게 많이 내야 하느냐."부터 "나는 ○○ 부분이 맘에 들지 않는다." 등 다양한 불평을 쏟아 놓는다. 이 시기에 주의할 것은 당초 교우회에서 직책별로 정한 금액을 에누리 없이 받아내야 한다는 것이다. 있어서는 안 되는 경우가 같은 직책인데 당초 정한 금액을 똑같이 받아내지 못하는 경우다. 같은 수석부회장인데 어떤 분은 2천만 원을 내고 어떤 분은 1천만 원을 내는 경우이다. 설득과 압박 등의 과정을 통해 이런 경우가 생기지 않도록 해야 한다. 이런 경우를 방치하면 두고두고 갈등 요인이 된다. 끝까지 같은 금액을 내지 못하겠다면 직책을 조정해 공정 시비가 생기지 않도록 해야 한다.

사무총장의 주도로 회비를 납부하도록 하고 있는데, 이때 사무총장은 욕먹을 각오를 하고 냉정하고 치밀하게 받아내야 한다. 채권자도 아닌데 임원이나 동기에게 돈을 독촉한다는 것은 쉬운 일이 아니다. 하지만 초창기에 이 일은 사무총장의 가장 중요한 일이다. 이 과정에서 별의별 말을 듣기도 하지만 너무 괘념치 말고 쿨하게 대처할 필요가 있다.

회비 지출

조성된 회비는 초기에 장기적으로 적용할 지출에 대한 원칙을 정할 필요가 있다. 이런 원칙이 없으면 회장과 사무총장 성향에 따라 어느 시기에 과도하게 회비가 지출이 돼 버릴 수도 있기 때문이다. 회비의 사용은 초기에 조성된 회비와 매년 걷는 연회비를 합산해 집행하게 되는데 여기에 원칙이 있어야 한다. 교우회 구성 초기에는 많은 행사를 활발하게 진행하기 때문에 비교적 큰 금액의 지출이 있게 된다. 하지만 세월이 지나면서는 참여 인원도 적어지기 때문에 자연스럽게 행사 규모도 축소되어 지출 액수도 적어진다. 이런 상황을 예상해 지출 원칙을 정할 필요가 있는 것이다. 다음 페이지에 있는 원칙을 정해 사용하게 되면 시기별 지출 금액도 어느 정도 적정하게 통제할 수 있고, 회비도 장기적으로 유지시킬 수가 있다. 많은 예산을 사용하기 위해 연회비를 충실하게 걷게 하는 효과도 있다.

회비 지출의 원칙

연 지출 금액 = 연회비 수입 금액 + (교우회비 잔액 / 교우회 목표 유지 기간(예: 10~20년))

연회비 수입 금액이 3천만 원이고 교우회 회비 잔액이 3억 원, 교우회 목표 유지기간이 15년이면,

30,000,000원 + 300,000,000원/15년 = 50,000,000원 (연 지출 금액)

위 산식을 적용하면 연회비 수입이 많고 목표 유지 기간이 짧으면 연간 많은 예산을 쓸 수 있고, 연회비 수입이 적고 목표 유지 기간이 길면 연간 예산을 많이 사용할 수가 없다.

'교우회 목표 유지 기간'은 회원들의 연령대 등을 바탕으로 공감대가 형성되는 기간을 정하면 된다.

이런 원칙을 정해 두고 매년 감사의 점검을 받으면 회비는 어느 정도 일정하게 집행될 것이다.

회비 관리

조성된 회비를 잘 유지·관리하는 것은 교우회의 유지·관리와 같은 의미라고 할 만큼 중요하다. 무엇보다 통장을 어떻게 만들어 어떤 방식으로 관리할 것인가 하는 부분과 통장 인출 시 어떻게 확인할 수 있는가 하는 부분이 명확히 정리되어 있어야 한다.

통장 관리

통장은 대부분의 회비가 입금돼 있는 '메인 통장'과 사무총장이 행사 때마다 지출해서 쓰는 '지출 통장'으로 나누어 관리하면 효율적이고 편하다. 메인 통장은 회장이나 감사가 보관하고 지출 통장은 사무총장이 보관하며 사용한다. 메인 통장에서 연 지출 금액을 인출해서 지출 통장으로 옮기고 사무총장이 행사별로 집행한다.

지출 관리

지출 관리 체계를 제대로 만들어 놓으면 회비 사고를 예방할 수 있다. 방법은 한 사람이 모든 걸 관리하게 하면 안 된다는 것이다. 통장과 OTP카드, 도장을 회장, 감사, 사무총장이 나누어 보관하고 관리하는 것이다. 수시로 인출이 필요한 지출 통장은 사무총장이 일괄 보관하며 사용해도 되지만 큰 금액이 들어 있는 메인 통장은 반드시 나누어 보관하며 리스크 회피를 할 필요가 있다. 메인 통장의 OTP카드는 회장이나 감사가 보관하며 이체 시 서로 확인하는 시스템을 만들어 두면 회비를 보다 안전하게 관리할 수 있다.

메인 통장이나 지출 통장 모두 입출금 거래 내역이 회장, 감사, 사무총장에게 문자 통보가 되도록 해 서로가 내용 확인을 해야 한다. 사무총장은 필요한 경우 회장, 감사에게 인출 전 또는 인출이 확인된 후 내용을 설명한다.

안전성 대 수익성

초기에 큰 금액의 회비가 조성되게 되면 임원이든 교우든 누군가는 투자를 해서 크게 불려 보자는 제안을 하는 경우가 있다. 결론은 회비를 리스크가 있는 상품에 투자하는 것은 안 된다는 것이다. 회비를 주식 투자나 안전하다고 평가되더라도 대여 등을 해서는 안 된다. 크든 적든 손실이 나면 갈등이 생기고 교우회 운영에도 바로 문제가 생기기 때문이다. 증권회사에 다니는 교우의 강한 권유를 받고 교우회비로 주식 투자를 했는데 큰 손실이 나 기수 교우회가 와해된 경우도 있다.

교우회비는 손실의 우려가 없는 은행에 넣고 관리하는 것이 정석이다. 메인 통장은 은행 예금 통장, 지출 통장은 은행 입출금 통장을 사용하는 것을 권한다.

회계 보고

1년간 사용한 회비 내역은 반드시 감사의 감사 의견을 받아 교우 전체에 공지해야 한다. 사무총장은 증빙자료를 첨부하여 수입과 지출에 대한 부분을 명확하게 정리하여 감사를 받아야 한다. 감사는 계획된 연회비 수입이 달성되었는지, 지출은 정해 놓은 원칙에 맞게 적정한 금액으로 집행되었는지 등을 철저하게 감사하고 결과를 교우들에게 공지해야 한다.

기수 교우회의 경우 초기에는 회비 감사가 잘되다가 시간이 지나면서 흐지부지되는 경우가 많은데, 회비 사용에 대한 부분은 반드시 철저하게 점검되고 보고되어야 한다. 회비의 투명한 사용은 교우회 존속의 필수 사항이기 때문이다. 회비 문제에 신뢰성을 잃으면 교우들은 떠나게 되고 행사 참여도 않을뿐더러 연회비도 내지 않게 돼 결국 교우회 존속에까지 영향을 미치게 된다.

어렵게 조성한 교우회비를 잘 관리하면 교우회가 오랫동안 안정적으로 운영될 수 있다. 수입 지출 규정을 잘 만들어 놓으면 어느 시기든 교우회를 이끄는 회장, 사무총장에 의해 터무니없는 규모의 회비가 지출되지 않을 것이다. 회비 관리체계를 잘 정착시켜 놓으면 누가 집행부가 되든 교우회비는 예상 가능한 범위 내에서 안전하게 관리될 것이다.

회비의 조성과 관리, 지출은 교우회 운영의 핵심이다. 회비는 철저한 원칙과 시스템에 의해 관리될 수 있게 해야 한다. 교우 간에 회비 문제로 갈등이 생기지 않도록 사전에 관리체계를 명확히 만들어 놓아야 한다. 일단 돈 문제는 발생이 돼 버리면 원상태로 회복하기가 어렵기 때문이다.

경조사비 지출

기수 교우회의 경우 교우들의 경조사가 있을 때 교우회 차원의 현금 지출은 하지 말고 조화나 화환 정도만 보내는 것이 바람직하다. 경조사비는 교우 개인 간 상호부조에 맡기는 것이 맞다. 초창기부터 경조사비로 일정 금액을 책정해 집행하게 되면 회비 지출 부담이 커져 나중에는 거의 지급을 못 하게 된다. 한참 후에 문제가 있음을 깨닫고 규정을 바꾸게 되면 이후 애경사가 생기는 교우들은 불만이 생기게 된다. 초기에 애경사 시 교우회에서 현금 지급을 하지 않는다는 규정을 명확히 세워 적용할 필요가 있다.

이와 달리 총교우회의 경우는 임원단이 매년 연회비를 납부하고 1년 단위 회계 결산과 임기도 1~2년 정도이기 때문에, 애경사 시 소정의 경조금 지급이 크게 문제가 되지 않는다.

찬조와 협찬의
기술

행사에는 돈이 들어간다. 참여자들에게 참가비를 받지만 그
것만으로 행사를 치르기에는 턱없이 부족하다. 회장의 연회비
와 각종 명목으로 걷는 돈만으로도 모든 행사비를 충당하지는
못한다. 따라서 교우들에게 다양한 명분과 항목을 만들어 현금
찬조와 시상, 경품으로 쓸 물품 협찬을 받아야 한다. 여기에도
다음과 같은 요령과 격식이 필요하다.

먼저 목표 금액을 정한다

행사를 준비하면서 먼저 할 일은 예산을 잡아보는 것이다. 수입과 지출 항목을 정하고 어느 정도 예산이 들어가는지를 파악해 보아야 당초 잡았던 예산 범위 내에서 행사를 할 수 있을지가 가늠이 된다. 수입은 연초에 책정한 회비 지출 예산에 찬조를 통해 확보할 예산을 더해 정한다. 크게 무리하지 않는 범위에서 찬조금을 얼마를 받아야 할지를 미리 파악해 두어야 한다. 이 금액이 찬조 목표 금액이 된다.

후원 내역 공지 전 사전 찬조 및 협찬 내용 세팅

행사가 진행되면서 후원 내역을 공지하게 된다. 행사 안내를 하는 최초 문자 이후부터는 후원 내역을 담아 공지를 하게 되는 데 이때는 후원 내역이 사전에 어느 정도 만들어져 있어야 한다. 왜냐면 타인이 후원하는 내용을 보아야 후원 의사가 어느 정도 있는 교우들이 적극성을 보이기 때문이다.

최초 행사 안내 문자 이후 주요 임원에게는 전화를 따로 해 후원을 요청하고 내용을 정리한다. 이 작업이 어느 정도 마무리된 후에 후원 내역을 담은 2차 공지문을 발송해야 한다. 이 작업에는 시간이 걸릴 수 있다. 같은 위원장인데 찬조 금액이 상이하면 상황을 설명해 맞출 필요가 있고, 찬조 결정을 유보하는 동호회 회장이 있으면 설득하는 시간이 필요하기 때문이다. 이 과정이 충분히 마무리되면 이런 주요 임원들의 후원 내역을 정리해 공지문에 포함해 발송한다. 이렇게 주요 임원들의 후원이 마무리되면 이 내역의 공지와 함께 회장단 및 일반 교우들에 대한 후원 독려를 시작한다.

후원 요청 전화를 한다

행사 공지문에는 후원을 요청하는 문구가 들어간다. 이 내용을 보고 자발적으로 전화를 주시는 분들도 많다. 하지만 자발적 참여만으로 목표 금액을 다 채우진 못한다. 그래서 전화를 통해 요청할 수밖에 없다.

후원 요청 전화는 거는 사람도 받는 사람도 부담스럽다. 가끔은 "부담되게 왜 전화를 하느냐?" 가볍게 나무라는 분들도 있다. 그래도 이 작업은 사무총장이라면 어쩔 수 없이 해야 해야 하는 일이다. 후원을 받지 않고는 행사를 차실 없이 치를 수 없기 때문이다.

어느 분이 그런 전화하기가 부담되지 않냐고 한 적이 있다. 그래서 내가 대답했다.

"사무총장 일 중에 하나니까 그냥 무심히 전화합니다."

같은 직책은 같은 금액으로

교우회 임원도 서열이 있다. 행사 때 내빈 소개하는 순서가 이 서열순이다. 고문, 감사, 위원장, 동호회 회장 등의 순이다. 위원장에게는 예우와 함께 행사 때 매번 찬조를 요청드린다. 이때 같은 위원장 간에는 찬조 금액 차이가 나지 않게 해야 한다. 경영대상심사위원장은 200만 원을 찬조했는데 자문위원장은 100만 원을 찬조하는 모양은 피해야 한다는 것이다. 동급 직책에서 많은 금액을 찬조한 사람은 상대적 피해의식을 가지게 되고, 이런 차이를 방치하면 다음 행사에는 위원장 모두 100만 원만 찬조하게 될 것이기 때문이다.

위원장, 동호회 회장 간에도 찬조 금액 차이를 둘 필요가 있다. 내빈 소개 순서, 좌석 배치 등 행사 때 예우하는 정도의 차이도 분명한 만큼 후원의 크기도 다르게 할 필요가 있는 것이다. 위원장이 200만 원이면 동호회 화장은 100만 원, 이런 식으로 차이를 두는 것이다.

감사함을 표하는 건 아무리 지나쳐도 모자라지 않다

후원을 해주는 것은 정말 고마운 일이다. 특히 주요 임원을 맡아서 행사 때마다 후원을 하는 것은 큰 부담이 아닐 수 없다. 절대 이분들의 후원을 당연시하면 안 된다. 매번 공지문에 후원 내역을 명시하고 행사 브로셔에도 내역을 올려 널리 모든 참여 교우가 알 수 있도록 해야 한다. 행사 중에도 회장이 직접 후원하신 분들에 대한 감사 표시를 한다. 행사 후에 또 회장이 전화나 개별적인 감사 문자를 보내 "덕분에 행사가 잘 끝났다"는 감사 인사를 한다.

후원에 대해 집행부가 '진심으로 감사한 마음을 가지고 있구나'라고 느끼게 해 주어야 한다. 그래야 다음에도 후원을 요청

할 수 있고, 당사자도 다시 기꺼이 후원할 마음이 생긴다.

후원 피로감이 들지 않도록

후원은 성공적인 행사를 위해 필요하지만 그 과정은 후원을 하는 교우나 받는 교우회나 마찬가지 다 부담스럽다. 충분한 사의 표명을 통해 후원하는 교우들이 보람이나 흐뭇함을 느낄 수 있도록 해야 하는 것은 당연하다. 이 과정에서 주의할 점이 있다. 후원을 하는 교우도 요청하는 교우회도 너무 자주 부담을 준다는 생각이 들 정도가 되면 안 된다는 것이다. 어느 정도는 룰이 있어야 한다. 다음 후원 요청 시기도 상당한 시간이 경과한 후여야 한다.

어느 해에 송년회를 마친 지 20여 일이 채 되지 않은 시기에 봉사위원회에서 회장단 카톡방에 '아프리카 심장병 어린이 돕기' 후원 공지를 해달라는 요청을 받은 적이 있다. 처음에는 송년회가 끝난 지 얼마 되지 않은 시기에 또 후원을 요청하는 것은 시기적으로 너무 이르다고 거절하였으나 간곡한 부탁에 어쩔 수 없이 공지를 올린 적이 있었는데, 정말 내키지 않았다.

12월 초에 있는 송년회 때문에 11월 한 달 내내 후원 요청 문자를 보냈는데, 얼마 지나지 않은 시기에 또 요청하는 것은 너무 피로감을 준다는 생각을 했기 때문이다.

지나친 후원 요청은 단체의 격을 떨어뜨리는 일이므로 주의할 필요가 있다.

행사 후 회장 개인번호로 개별 감사 메시지 전달

총교우단합 등산대회, 총교우회장배 골프대회, 송년회 행사를 마치고 난 후에는 후원에 대한 감사 인사를 개별적으로 할 필요가 있다. 물론 성공적인 행사를 마친 부분에 대한 감사 인사를 전 교우에게 보내는 것이 먼저지만, 후원해준 한 사람 한 사람에 대한 회장의 개별 감사 인사도 꼭 할 필요가 있다. '내가 한 후원에 대해 교우회 회장이 기억하고 있고 정말 고맙다는 마음을 가지고 있구나'라고 느끼게 해줄 필요가 있다. 이것은 당연한 예의이기도 하고 다음 행사 후원에 대한 동기부여를 하는 일이기도 하기 때문이다.

[고대AMP]

홍길동 부회장님의
성원과 후원 덕분에
어제 총교우회장배
골프대회를 성황리에
마칠 수 있었습니다.

늘 교우회에 보내 주신
진심어린 응원과 후의에
감사드립니다.

기대에 부응할 수
있도록 항상 최선을
다 하겠습니다.

감사합니다.

고대AMP 총교우회
회장 ○ ○ ○ 드림

오전 10:21

품격 있는 교우회를 위한 디테일

교우회는 교우들과 일상적인 소통을 문자나 카톡 등으로 한다. 문자로 전 교우들에게 공지를 하기도 하고 다양하게 개설된 카톡방에 교우회 소식을 전하거나 행사 안내를 하기도 한다. 일반적인 사회 활동에서도 마찬가지지만 문자나 카톡은 교우회 운영의 필수적인 소통 도구로 활용된다.

일상적인 소통의 도구인 말에도 사용 방법과 상식적으로 적용되는 규칙이 있다. 바르고 품위 있는 말을 해야 한다. 분란이나 갈등을 촉발시키고 사용자의 인격과 품위를 손상시키는 비속어 사용, 욕설 등은 하지 않아야 한다. 교우회 운영에 있어 필수적 소통 도구인 문자나 카톡도 마찬가지다. 자칫 잘못 사용하면 교우회 품위와 수준을 떨어뜨리고 분란을 일으킬 수도 있다. 그래서 여기에도 일정한 규칙을 정해놓아야 한다.

문자나 카톡은 형식에도 신경을 많이 써야 한다. 일반 문서는 작성해 놓은 모양 그대로 누구에게나 보이지만 문자나 카톡은 작성자 본인이 보는 모양과 수신자가 보는 모양이 다를 수 있기 때문이다.

다음에는 교우회의 일상화된 소통의 도구인 문자와 카톡의 사용 방법과 노하우를 담았다.

카톡방의 관리

가장 직접적이고 강력한 메시지 전달 수단이 카카오톡이다. 공지사항이나 개인 메시지를 올리면 방에 있는 회원들이 바로 확인을 할 수 있다. 직접적이고 편리하다 보니 대부분의 모임이 커뮤니케이션 수단으로 카카오톡을 쓴다. 문제는 만들어진 카톡방이 너무 많고, 꼭 필요하지 않은 메시지들도 여과 없이 올리기 때문에 큰 피로감을 준다는 것이다. 요즘은 무분별한 SNS가 공해 수준이다. 세밀하게 관리할 때가 된 것이다.

카톡방을 개설할 때는 교우들에게 먼저 기준을 제시할 필요가 있다. 이 기준은 공지사항에 올려두어 상시 볼 수 있게 하

고, 기준을 어길 때는 매번 관리자가 다시 상기시켜줄 필요가
있다.

카톡방 금기 기준에 포함되어야 할 사항

① 정치적인 내용

우리나라는 보수와 진보 그리고 중도, 이렇게 정치적 성향이
크게 나뉘어 있다. 정치 성향이 다른 사람이 만나서 어떤 정치
적 논쟁 사안에 대해 기분 좋게 합의점을 찾기는 거의 불가능
하다. 이런 두 사람이 만나 정치적 논쟁을 하는 건 자살 행위와
같다. 그래서 교우회에서 절대 이런 정치적 논쟁은 하지 않도
록 해야 한다.

다양한 정치 지향을 가진 사람들이 모인 교우회에서 대체로
이런 룰은 잘 지켜지고 있다. 누군가 이런 얘기를 꺼내도 한쪽
이 논쟁을 피하거나 주제를 다른 곳으로 돌려 이슈화하지 않으
려 한다. 지혜로운 사람들이 훨씬 많이 있기에 가능한 일이다.

종종 카톡방에 정치적으로 편향된 주장을 담은 내용을 올리
는 사람이 있다. 그럴 때는 개별적으로 연락해 취지를 설명하

면서 내용을 내리도록 하고 내려지지 않은 글에는 하단에 주의를 당부하는 멘트를 달아 놓아야 한다. 집행부에서 그런 내용에 대해 아무 대응이 없으면 용인하는 것으로 오해될 수 있기 때문이다.

② 종교적인 내용

카톡방에 종교적인 내용을 올려 교우들에게 영향을 주려 하는 것은 자하철에서 팻말을 들고 종교적인 신념을 외치는 경우처럼 황당한 일이다. 이런 내용을 올리는 사람은 극히 드물긴 하다. 오히려 이상한 사람으로 취급받기 때문이다. 역효과가 나는 것이다. 그럼에도 신념에 차 종교적인 내용을 올리는 교우가 있다면 이것도 바로 내용을 내리도록 하고 주의 멘트를 달아야 한다.

③ 외설적인 내용

용인되는 수준을 넘어서는 성적인 유머를 직접 올리거나 외부에서 퍼온 외설적인 내용의 글이나 동영상은 올리지 못하도록 해야 한다. 이런 내용은 본인의 이미지에도 손상을 주고 교우회 수준도 떨어뜨리는 행위이기 때문에 엄정하게 금해야 한다.

④ 광고성 내용

교우들이 취급하는 제품이나 서비스에 대한 내용을 올려 홍보할 수 있다. 오히려 필요한 경우 이런 내용은 적극적으로 활용하게 할 필요도 있다. 지나친 부분만 관리하면 된다. 교우들이 홍보하는 내용이라도 투자나 사행성 내용은 제한할 필요가 있다.

⑤ 일일 칼럼식 내용

단체 카톡방에 매일 주기적으로 비슷한 시간에 외부에서 퍼온 글을 올리는 경우가 있다. 이것도 공해라고 생각한다. 이제 본인이 필요한 정보를 찾아보는 시대이고, 원하는 정보를 편집해 받아 보는 시대다. 성향이나 취향 상관없이 남이 올리는 내용을 의무적으로 봐야 하는 상황은 유쾌하지 않다. 카톡방에 올라온 내용은 자동적으로 확인하게 되기 때문에 내키지 않는 내용이 주기적으로 올라오는 것은 공해다.

김용우

4월 19일 오후 2:24 공지 24명 읽음

안녕하세요?

총교우회 김용우 사무총장입니다.

많은 고민 끝에 사무총장 카톡방을 만들었습니다. 조금은 간접적인 채널인 밴드가 있으나 보시는 분들이 몇 분 안 되어 교우회 행사 관련 각종 내용 전달이 제대로 되지 않고 있었습니다. 이런 이유로 5월 총교우단합 등산대회를 앞두고 각기 사무총장님을 초대한 카톡방을 만들게 되었습니다.

양해 부탁드립니다.

한 가지 당부드릴 것은 이 방에서는 교우회 관련 내용만 올렸으면 합니다. 경구나 소소한 일상적인 내용·정치·종교적인 내용은 올리지 마시길 요청드립니다.

SNS가 공해가 되는 시대에 살고 있습니다. 본 카톡방은 최대한 교우회 관련 실무적인 소통공간으로만 활용될 수 있기를 바랍니다.

감사합니다.

카톡방에서 금지해야 할 내용만 적다 보니, 그럼 카톡방이 너무 삭막해지지 않을까 하는 생각이 들 수도 있겠다. 수십 개의 모임 카톡방에 참여하는 입장에서는 개별 카톡방이 삭막한 게 좋을 것이다. 새로운 내용이 올라왔다고 표시가 되어 열어 봤더니 또 시답잖은 내용이 올라온 거라면 보통 스트레스가 아니기 때문이다. 그렇지만 종종 유익한 내용이나 웃음을 줄 수 있는 재미있는 내용까지 제한해야 된다고 말하진 않겠다.

문자·카톡 보내기

교우회 주요 공지 수단은 문자와 카톡이다. 전체 공지나 여러 가지 전달 사항을 문자로 보내거나 카톡방에 올리게 되는데, 내용 구성에 문제가 있거나 오탈자 등이 있으면 보내는 사람에 대한 평가뿐만 아니라 모임 전체의 수준을 떨어뜨린다는 걸 명심해야 한다. 이런 실수를 피하는 방법은 본인에게 보내는 문자 메시지나 나와의 채팅 카톡방에서 초안을 먼저 작성한 후 수정 과정을 거치는 것이다. 핸드폰 화면 안에 글자가 어떻게 배열되는지도 확인한 후 보내거나 올려야 한다. 문자 메시지나 카톡 등 주로 쓰는 전달 방식에 대해 몇 가지 팁을 소개하고자 한다.

초안 작성과 수정

많은 교우에게 일시에 전달되는 공지 내용은 반드시 초안을 작성한 후 여러 번 검토와 수정을 거쳐 발송하거나 올려야 한다. 수십 명에서 수천 명이 보는 공지문 구성이 형편없거나 오탈자 등이 있으면 담당자뿐만 아니라 그 모임의 수준도 그 정도로 평가될 것이기 때문이다. 내용은 장황하기보다는 핵심 내용 위주로 간단하게 작성한다.

수정 전, 수정 후

[고대AMP 합동임원회의 취소안내]

연간 계획중 11월 9일 예정되었던 합동임원회의가 취소되어 공지합니다. 곧 진행될 10월 30일 회장단 골프에 이어 12월 6일 교우회 최대 행사인 "송년후원의 밤 및 경영대상시상식"에 더욱 집중하여 최고의 행사로 준비하고있습니다.

2023년 모든 회의와 행사마다 아낌없는 성원에 진심으로 감사드리며 금년 마지막행사인 송년회에 더 많은 응원 부탁드리겠습니다. 다시한번 최고의 행사로 보답할수 있도록 최선을 다하겠습니다. 고맙습니다.

문의: 사무국 (02-000-0000) 김용우 사무총장 (010-0000-0000)

고려대AMP 총교우회 회장 ○ ○ ○

오후 12:47

수정 전

[고대AMP 합동임원회의 취소 안내]

연간 계획 중 11월 9일 (목) 예정되었던 합동 임원회의가 특별한 안건이 없어 취소 되었기에 알려드립니다.

감사합니다.

문의: 사무국 (02-000-0000) 김용우 사무총장 (010-0000-0000)

고려대AMP 총교우회 회장 ○ ○ ○

오후 1:18

수정 후

138

글자 크기 검토

문자나 카톡의 글자 크기는 작성자의 글자 크기 기준으로 발송된다. 작성자가 핸드폰 화면에서 잘 구성하여 보냈더라도 수신자가 설정한 글자 크기가 더 크면 작성자가 구성한 모양대로 수신되지 않는다. 그래서 작성자는 글자 크기를 좀 크게 설정하여 작성하고 발신할 필요가 있다. 작성자가 설정한 글자 크기가 수신자보다 크면 작성자가 구성한 내용이 크게 변형 없이 전달된다. 발신 전에 완성된 내용이 글자 크기에 따라 어떻게 수신되는지를 검토한 뒤에 보낼 필요가 있다.

카톡 예) 작성자 큰 글자 크기 설정 ☞ 수신자 작은 글자 크기 설정

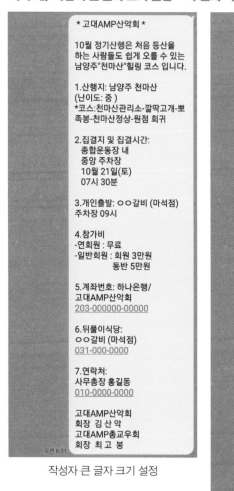

작성자 큰 글자 크기 설정

수신자 작은 글자 크기 설정

* 고대AMP산악회 *

10월 정기산행은 처음 등산을 하는 사람들도 쉽게 오를 수 있는 남양주"천마산"힐링 코스 입니다.

1.산행지: 남양주 천마산 (난이도: 중)
*코스:천마산관리소-깔딱고개-뽀족봉-천마산정상-원점 회귀

2.집결지 및 집결시간:
　종합운동장 내
　중앙 주차장
　10월 21일(토)
　07시 30분

3.개인출발: ○○갈비 (마석점) 주차장 09시

4.참가비
-연회원 : 무료
-일반회원 : 회원 3만원
　　　　　동반 5만원

5.계좌번호: 하나은행/
고대AMP산악회
203-000000-00000

6.뒤풀이식당:
○○갈비 (마석점)
031-000-0000

7.연락처:
사무총장 홍길동
010-0000-0000

고대AMP산악회
회장 김 산 악
고대AMP총교우회
회장 최 고 봉

작성자 큰 글자 크기 설정

* 고대AMP산악회 *

10월 정기산행은 처음 등산을 하는 사람들도 쉽게 오를 수 있는 남양주"천마산"힐링 코스 입니다.

1.산행지: 남양주 천마산
(난이도: 중)
*코스:천마산관리소-깔딱고개-뽀족봉-천마산정상-원점 회귀

2.집결지 및 집결시간:
　종합운동장 내
　중앙 주차장
　10월 21일(토)
　07시 30분

3.개인출발: ○○갈비 (마석점)
주차장 09시

4.참가비
-연회원 : 무료
-일반회원 : 회원 3만원
　　　　　동반 5만원

5.계좌번호: 하나은행/
고대AMP산악회
203-000000-00000

6.뒤풀이식당:
○○갈비 (마석점)
031-000-0000

7.연락처:
사무총장 홍길동
010-0000-0000

고대AMP산악회
회장 김 산 악
고대AMP총교우회
회장 최 고 봉

수신자 작은 글자 크기 설정

| 큰 글자 크기 예 | 작은 글자 크기 예 |

전체 문자 공지문이나 카톡에 올리는 내용은 잘 정리된 내용이어야 하고 오탈자 등도 없어야 한다. 핸드폰 화면에 어떻게 구성되어 보여질 것인가도 사전 검토해야 한다. 작성자 본인 핸드폰에서 반드시 초안을 작성해 보아야 한다는 의미다. 많은 교우가 수신하는 공지문은 한 편의 시를 쓴다는 생각으로 정성을 다해야 작성하고 다듬어서 완성된 형태로 발송하거나 올려야 한다.

교우회로부터 오탈자에 구성도 엉망인 문자를 받게 되면 교우들은 자괴감이 들 것이다.

애경사 공지의
매너

　많은 사람이 모인 교우회에 애경사는 수시로 있게 마련이다. 자녀가 결혼을 하거나 본인 또는 배우자의 부모님이 돌아가시는 경우가 일반적으로 공지를 하는 경우다. 이런 애경사가 발생하면 사무총장은 바로 회원들에게 내용을 알려야 한다. 공지를 할 때도 형식을 잘 갖춰 보낼 필요가 있다. 경사든 애사든 우리나라 사람들은 형식에 대해 의미를 많이 부여하기 때문에 공지에서부터 당사자의 마음을 헤아려 정성을 담아야 한다. 각 단체마다 사용하는 형식이 있지만, 일반적으로 애경사에 사용하는 공지문은 아래와 같다. 요즘은 모바일 청첩장이나 부고장이 일반화됐기 때문에 전통 공지문에 모바일을 조합하여 보내는 게 좋을 것이다.

경사 – 청첩장 예시

[고대AMP]

홍길동(00기) 부회장님의 장남(민우 군) 결혼식 안내드립니다.

●일시: 10월 19(토) 11:30
●장소: 그랜드호텔 5F 다이너스티홀 (☎02-565-1234)

소중하고 뜻깊은 결혼식에 큰 축하와 격려 부탁 드립니다.

※마음 전하실 곳:
하나은행
123-34-56789-9
(홍길동)

고려대AMP총교우회 회장 ○ ○ ○

♡모바일 청첩장♡

https://mcard
.fromtoday.co.kr/w
/939371H7890

mcard.fromtoday.co.kr

오전 11:52

애사 – 부고 예시

[고대AMP 부고]

고대AMP 홍길동 부회장님(00기)의 부친(故 홍○○님)께서 4일 별세 하셨기에 삼가 알려 드립니다.

●빈소 : 삼성서울병원 장례식장 1호실
●발인 : 2023년 6월 6일 07시

마음으로 따뜻한 위로 부탁드리며 고인의 명복을 빌어주시기 바랍니다.

삼가 고인의 명복을 빕니다

※문의: 홍길동
(010-1234-5678)
마음 전하실 곳
하나은행
123-34-56789-9
(홍길동)

고대AMP 총교우회 회장 ○ ○ ○

■모바일 부고■
https://funeralannoun
.com/public/page
/90e12572ba0b6963fe
9e6e8bd

편안하고 숭고한 장례
여기를 눌러 링크를 확인하세요.

오전 11:53

부고의 경우 회원 전체에 문자 전송을 하거나 단체 카톡방에 그 내용을 올린다. 단체 카톡방에 올리게 되면 카톡방에서 조의를 표하게 되는데, 종종 일부 회원들은 집행부만 조의를 표하고 나머지는 하지 말자는 의견을 내기도 한다. 요즘은 모바일 부고장이 생겨 모바일 부고장 조의 표시 공간에만 올리자는 의견을 얘기하기도 한다. 회원 다수의 의견을 따르는 게 맞겠으나 여러 당사자의 의견을 들어보면 공지 후 길어봤자 한나절 정도의 시간이니, 카톡방에 조의를 표하는 게 좋겠다는 의견이 많다. 막상 당사자가 되고 보니 '누가 조의를 표했는지를 모두 훑어보게 되더라'는 얘기를 하는 교우도 있다. 길지 않은 시간이니 당사자의 마음도 고려하여 카톡방에서의 조의 표시는 용인하는 것이 좋다고 생각한다.

애경사 공지의 내용과 형식은 사무총장의 성의와 교우회의 수준을 보여주기도 한다. 당사자 입장에서는 큰일을 치르는데, 무성의한 공지는 오히려 상처를 줄 것이다. 교우회에서 정형화된 기본 폼을 만들어 총교우회나 기수 교우회에서 사용하면 이런 상황을 예방할 수 있을 것이다.

탄탄하고 오래가는
교우회의 조건

"고대AMP가 제일 잘돼"라는 얘기를 많이 듣는다. 많은 교우들이 최고위 과정들을 몇 군데씩 다닌다. 몇몇은 수십 곳을 다녔다고 하는 사람도 있다. 이런 분들이 비교해보고 하는 얘기다. 잘된다는 것은 어떤 의미를 내포하고 있을까? 행사할 때 참석하는 인원 수를 말하는 걸까? 아니면 행사를 화려하게 해서 그런 평가를 하는 것일까? 일반적으로는 행사의 규모를 보고 얘기하는 것일 테지만 꼭 행사 규모가 그 평가의 전부라고 생각하지는 않는다.

행사의 규모는 여러 요소가 결합되어 나타나는 결과일 뿐이다.

표면적으로 행사를 통해 여러 잠재력이 드러난다. 이 잠재력의 요소들이 무엇인가가 중요하다. 이런 요소들이 잘되는 교우회의 조건들이기 때문이다. 잘되는 교우회의 조건들을 살펴보자.

교우회 조직

교우회의 성과는 하루아침에 만들어질 수 없다. 오랜 시간 집단지성을 발휘해 체계적인 발전을 거듭해 온 교우회여야 가능하다. 교우회가 체계화된 조직을 갖추지 않으면 일정 수준 이상의 성과를 내기 어렵다. 각 기수와 동호회, 총교우회 내 각 분과 조직 등이 잘 조직화되어 있고 자생적인 동력을 가지고 활발히 움직일 때 교우회는 힘을 갖는다. 이런 체계화된 교우회 조직이 있고 큰 행사에서 그 조직화된 힘을 모을 수 있을 때 모두가 놀랄 만한 규모의 행사가 진행될 수 있는 것이다.

회장과 사무총장

명예로운 회장과 능력 있는 사무총장이 있어야 한다. 회장은 교우회의 수장으로서 품위를 가지고 본인에게 주어진 의무와 책임을 다해 교우들로부터 존경을 받는 회장이어야 한다. 사무총장은 실무의 책임자로서 공평무사하게 교우회 운영과 발전에 최선을 다해야 하며, 가용 자원을 최대로 활용하여 차질없이 교우회 행사들을 진행할 수 있어야 한다.

회비의 조성과 관리

모든 교우회 행사는 회비 규모에 맞춰서 계획된다. 회비가 잘 납부되지 않거나 찬조 문화가 정착돼 있지 않으면 교우회 활동은 위축될 수밖에 없다. 국가의 조세 정책처럼 회비도 크게 드러나지 않지만 촘촘하게 설계해 확보해야 한다. 행사 때 현금 찬조 문화를 정착시켜서 필요한 재원을 확충할 수 있도록 해야 한다. 찬조한 교우들에게는 과분할 정도의 명예를 부여하고 감사함을 표해야 한다.

회비는 관례를 크게 벗어나지 않는 범위 내에서 사용하고 관리는 안전을 최우선으로 해야 한다. 회비 사고는 교우들의 회비 납부 의욕을 위축시키고 신뢰를 무너뜨려 회복에 많은 시간과 에너지를 소모시키기 때문에 절대 그런 일이 일어나지 않도록 해야 한다.

교우회 행사

규모 있고 완성도 있는 교우회 행사는 교우들의 자긍심을 높이고 교우회에 대한 애착을 갖게 한다. 성공적인 교우회 행사 참여 경험은 이후 이어지는 행사에 대한 참여 의욕을 높여 다음 행사 진행을 쉽게 한다. 교우들에게는 이런 경험들이 쌓여야 한다. 그래야 교우들이 참여하면서도 스스로 놀라는 규모의 교우회 행사들을 무리 없이 진행을 할 수 있다. 반면 실망스런 행사 참여 경험을 갖게 한다면 이후 이 분위기를 회복시키기는 쉽지 않다.

집행부는 치밀한 행사 계획을 가지고 완벽하다는 평을 들을 정도의 완성도 있는 진행을 해야 한다.

가족의 참여

교우회 구성 초기부터 가족 참여 행사를 많이 하게 되면 배우자들도 서로 안면을 익히게 되어 교우회 행사 참여를 자연스럽게 생각한다. 이런 문화는 수업 과정에서부터 자연스럽게 유도할 필요가 있다. 배우자들의 행사 참여문화가 정착이 잘 되면 교우회가 오랫동안 안정적으로 유지되는 데 큰 힘으로 작용한다. 큰 행사에 가족 단위의 참여도 많이 이끌어 낼 수 있다.

기수 반 모임 활성화

최고위 과정에서는 입학 초기 15명 내외로 반편성을 한다. 관리의 효율적 측면 때문일 텐데, 보통 첫 번째 하는 일은 논문을 공동으로 작성하고 발표하는 것이다. 반별로 회비도 별도로 조성하고 가족 포함하여 모임도 자주 갖게 된다. 기수 교우회에서는 반모임에 대한 회비 지원을 통해 반모임이 활성화될 수 있도록 할 필요가 있다. 시간이 지나면서 가장 강력한 유대 관계를 형성하는 모임이 반모임이고, 반모임이 활성화돼 있으면 기수 교우회 운영에도 큰 도움이 되기 때문이다.

사례로 예방하는
교우회의 사고

　인맥 만들기, 사업 연결 등의 다양한 목적을 가지고 과정에 오지만 예기치 못한 사고의 발생으로 교우회가 제대로 운영되지 못한 경우도 종종 발생한다. 많은 비용과 시간 투자를 해서 수료한 과정의 교우회가 제대로 운영되지 못한다면 개인 입장에서도 총교우회 입장에서도 큰 손실이 아닐 수 없다.

　여기에 간단히 소개하는 사고 사례는 국내 여러 과정에서 실제 발생된 내용으로 교우회를 운영할 때 참고하면 좋겠다.

교우회비 투자상품 투자

• 증권회사에 다니는 교우의 설득으로 대부분의 교우회비를 리스크가 큰 상품에 투자해 손실을 보게 되어 교우회가 와해됨.

☞ 교우회비는 수익보다는 안전하게 관리하는 게 최선이다.

교우들의 다단계 투자

• 기 교우회장으로 선출된 교우가 운영하는 다단계 투자상품에 많은 교우가 투자하였으나 사회문제가 되면서 손실과 함께 기 교우회가 와해됨.

☞ 불법적인 요소가 있는 행위, 특히 사회 문제적 요소가 있는 일은 절대 하면 안 된다.

수준 낮은 해외 여행

• 꽤 큰 비용을 지불하고 해외여행을 갔으나 음식, 숙박시설, 일정 등이 너무 형편없어 분란 발생하였음. 이런 문제

들로 교우들이 양분되어 싸우다 큰 상처가 생기면서 일부
교우는 교우회에 아예 참여하지 않음.

☞ 집행부는 철저한 여행의 사전 일정 및 내용 점검을 통해
수준 이하의 행사가 되지 않도록 주의해야 한다.

교우회비의 횡령

• 회비를 관리하는 교우가 회비를 횡령하여 기 교우회가 와해됨.

☞ 제도적으로 어느 한 교우에게만 회비 관리 권한을 주면
안 된다. 회비 인출 시 회장, 사무총장, 감사에게 문자 통
지가 되도록 하여 상호 관리가 되도록 해야 한다.

분파 조장

• 집행부 운용 방식에 사사건건 꼬투리를 잡고 극단적인 편
가르기를 추구하는 교우 행동에 휘말려 교우회가 두 편으
로 나뉘어 싸우다 와해됨.

☞ 교우회에 편가르기를 추구하는 사람이 있으면 임원단 차원
의 주의를 줘야 하고 교우들 각자도 휘둘리지 않아야 한다.

4부

인맥의 깊이를 더하는
교우회 행사

교우회 활동은 행사다. 모든 교우회 활동은 행사를 통해 진행된다. 교우들은 교우회에서 주관하는 행사를 통해 서로 교류하며 친교한다. 교우회가 교우들의 교류 플랫폼이라면 그 플랫폼은 각종 행사들로 채워져 있다. 그래서 교우회가 본분을 다하려면 행사를 잘 진행해 교우들이 최고위 과정에 온 본질적인 목적, 즉 사람을 만나고 그 관계의 깊이를 더해 갈 수 있는 장을 잘 만들어 줘야 한다.

행사는 교우회 집행부의 마인드와 노력에 따라 천차만별의 차이가 난다. 참여 인원부터 행사의 내용, 참가 선물까지도 확연하게 달라진다.

집행부가 바뀔 때마다 교우들이 행사의 질적 차이를 경험할 필요는 없다. 교우회 집행부는 정리된 일정한 진행 매뉴얼과 노하우에 노력을 더해 항상 최고 수준의 행사를 진행할 수 있어야 한다.

4부에서는 균질한 수준의 행사 진행을 통해 교우들이 최고위 과정에 와서 목표하는 바를 달성할 수 있도록 누구나 적용할 수 있는 행사 진행 노하우와 팁들을 적었다.

총교우 단합
등산대회

　　총교우 단합 등산대회는 전 기수가 가족과 함께 참여할 수 있는 소풍 같은 행사다. 산행팀과 연로하신 분들을 위한 트레킹팀으로 이원화하여 진행해 선배 기수들도 많이 참여한다. 골프대회보다 훨씬 참여의 폭이 넓어 어린아이까지 동반할 수 있다. 푸짐한 선물을 쌓아놓고 전문 강사가 진행하는 레크리에이션 시간은 꼭 어린 시절의 소풍이나 운동회 같은 분위기를 연출한다.

　　등산대회는 수도권에 지하철을 이용해 갈 수 있는 곳을 행사 장소로 정할 수도 있고 버스로 이동해 진행할 수도 있다. 버스를 이용해 조금 원거리로 이동하면 훨씬 다양한 장소를 정해 다채롭게 진행을 할 수 있다.

등산대회는 잘 진행하면 참여 교우와 가족들에게 큰 즐거움과 추억을 안겨줄 수 있는 행사다. 다른 행사와 마찬가지로 등산대회도 얼마나 잘 준비했느냐에 성패가 달려 있다. 사전 준비부터 진행까지 어떤 것들을 준비하고 신경 써야 하는지 살펴보자.

장소 선정과 답사

등산대회를 진행하기 위해 가장 먼저 결정해야 할 것은 장소이다. 등산대회 장소는 여러 가지 측면을 고려해 정해야 하는데 관례적으로 진행하는 장소라 하더라도 꼭 사전 답사를 가서미리 행사 여건들을 확인해야 한다. 답사를 해야 구체적인 행사 구상을 할 수 있다.

답사시 확인할 사항들은 다음과 같다.

• 참가하는 인원 전체가 식사를 할 수 있는 장소인가?

- 식사 메뉴는 적당한가?
- 산행과 트레킹을 같이 할 수 있는 곳인가?
- 공식 행사 및 레크리에이션을 할 수 있는 공간이 있는가?
- 공식 행사 및 레크리에이션으로 인한 소음이 문제되지 않는 곳인가?

참가자 명단 정리

행사를 원활하게 진행하기 위해서는 사전에 개별출발, 단체출발, 참가비 납부 여부 등이 모두 파악되어 있어야 한다. 이동 방법에 대해서는 참가 시에 미리 파악하고 회비는 참가자 선물 및 1등 경품 추첨권과 연계해 반드시 참가 전에 완납이 되게 할 필요가 있다. 그래야 현장에서의 번잡스러움을 피할 수 있다.

참가 선물과 1등 경품 선정

회비를 낸 참가자 전원에게 주는 참가 선물과 1등 경품은 행사를 풍성하게 하고 참석 인원을 늘려주는 역할도 한다. 참가자 선물은 조금은 부담 없는 가격에 확보할 수 있으면서도 받았을 때 꽤 만족할 만한 제품이나 의류 등으로 선정하는 것이 좋다.

1등 경품은 요즘 같으면 85인치 TV처럼 상징성도 있으면서 기대감을 갖게 할 만한 제품으로 정한다. 홍보 효과도 있고 참가 교우들에게 화재 거리 제공도 할 수 있는 그런 제품이어야 한다.

행사의 진행

행사장으로의 이동 시 개별 출발하는 교우들에게는 도착시간과 행사 시작시간, 목적지, 주차장 등을 사전에 통지해 줘서 버스 단체 출발팀과 도착시간을 맞출 수 있게 한다. 단체 출발팀은 차량별 차장을 선임하고 인원 파악 및 당일 행사 안내, 간식 배부, 미납 교우 참가회비 수납 및 추첨권 배부 등을 하도록 한다. 사전에 이런 부분이 원활하게 이루어질 수 있도록 차량별 탑승 명단 및 참가비 납부 여부, 간식, 추첨권 등을 정리해 전달해야 한다. 사무총장과 사무국장, 차장들이 참여하는 대화

방을 만들어 실시간 의사소통을 해야 한다.

공식 행사

산행과 트레킹을 출발하기 전에 전체 참가자가 집결하여 공
식 행사를 진행한다.

공식 행사 진행

식순

개회 선언 ----------------------------------- 사회자

국민의례 ----------------------------------- 사회자

대회사 ------------------------------------- 교우회장

산악회장 인사말 ------------------------ 산악회장

축 사 -------------------------------------- 상임고문

산악인 선서 ----------------------------- 산악대장

준비 운동 -------------------------------- 산악대장

코스 안내 -------------------------------- 사회자

구호 제창 -------------------------------- 사회자

출 발

  산행팀과 트레킹팀 모두에게 행사장 도착시간을 명확히 공지하여 식사가 같이 시작될 수 있도록 안내하여야 한다.

  산행팀은 교우회장, 등산회장, 산악대장 등이 인솔해 출발하고 트레킹팀은 산악회 사무총장이나 교우 중에 별도로 임명하여 인솔 및 안내할 수 있도록 한다.

도착 후 식사 및 경품 추첨

식사의 메인 메뉴는 좌석 수대로 인원이 채워졌을 때 제공하여, 당초 계획한 대로 인원에 맞게 메인 메뉴가 제공되도록 한다. 이 부분은 여러 번의 안내를 통해 서로 잘 모르는 교우라도 테이블의 모든 자리를 채워서 식사가 진행될 수 있도록 해야 한다.

식사 시간

경품 추첨은 식사 시간을 활용하면 조금 여유롭게 진행할 수 있다. 야외에서는 사전 추첨을 통해 문자 공지를 할 수가 없어 틈나는 대로 추첨 및 전달을 해야 한다. 협찬품 배부 계획을 미리 세워 빈틈없이 배부되도록 해야 한다. 추첨 및 전달은 협찬한 사람과 주요 임원 등이 하도록 한다.

레크리에이션

레크리에이션은 사전 섭외된 전문 강사가 진행하도록 한다. 레크리에이션 시간에도 진행하면서 사용해야 할 협찬품이 필요하므로 사전 협찬품 사용계획에 반영해 놓아야 한다.

대회 마무리

레크리에이션을 끝으로 행사는 마무리 단계로 넘어가고 최종 순서인 '회장 마무리 인사말'과 '1등 경품 추첨'이 남는다. 사회자는 교우회장이 1등 추첨을 하기 전에 '마무리 인사말'을 할 수 있도록 한다. 가장 집중할 수 있는 이 시간에 교우회장이 당일 행사에 대한 소감 멘트와 감사 인사를 하도록 한다.

1등 경품 전달 시에는 경품 내용을 보드에 크게 인쇄해 사진을 통한 홍보 효과가 극대화될 수 있도록 한다.

총교우 회장배 골프대회

최고위 과정에서 골프는 친교를 위한 가장 일반적이고 효과적인 도구다. 술자리라고 할 수도 있지만 요즘 추세는 확실히 골프로 옮겨 갔다. 반나절 혹은 하루를 거의 투자해야 하고 비용 부담도 크지만 즐거운 운동과 함께 많은 시간을 같이 보내는 골프는 친교 측면에서 아직은 대체재가 없다. 세월이 흐르면서도 가장 오랫동안 활발하게 진행되는 모임이 골프회이기도 하다.

총교우회장배 골프대회는 전 교우와 가족을 초청하여 야외에서 진행하는 가장 큰 축제이자 이벤트이다. 어릴 적 운동회

처럼 전 교우들을 들뜨게 하는 행사다. 찬조와 협찬도 송년회
에 비할 만큼 많이 들어와 말 그대로 풍성한 축제로 진행된다.
당일 80팀 정도가 카트를 타고 티박스로 이동하는 모습은 장관
을 연출한다.

샷건 방식의 배정 홀로 이동 준비 중인 카트

총교우회장배 골프대회를 성공적으로 치르는 것은 여러 측면에서 교우들에게 주는 메시지가 상당하다. 우선 규모 면에서 많은 팀이 참여하는 행사를 보게 되면 교우회의 스케일을 느끼게 된다. 큰 규모의 행사가 물 흐르듯 진행되면 참여 교우들도 스스로 뿌듯해한다. "역시 우리 ○○AMP는 대단해~"라는 말을 서로에게 하게 된다. 행사를 잘 치르면 교우들의 자부심도 커지고 이어지는 다음 행사에 주는 긍정적인 효과도 매우 크기 때문에, 집행부는 빈틈 없는 준비로 반드시 대회를 성공적으로 진행할 필요가 있다.

이렇게 교우회에 여러 가지 긍정적인 효과를 주는 골프대회를 성공적으로 진행하기 위한 5가지 요소들을 정리해 봤다. 바로 참가 인원, 진행, 시상품과 경품, 식사 메뉴, 참가 선물이다. 이 요소들이 모두 조화롭게 충족이 되면 대회는 당연히 성공적일 것이다. 이 중 '참여 인원'과 '진행'은 성패를 결정짓는 가장 중요한 사항이다. 일단은 교우들이 체감적으로 많은 인원이 참여했다는 느낌을 가질 수 있어야 하고 행사의 진행이 매끄러워야 한다는 것이다. 이런 바탕 위에서 시상품과 경품, 식사 메뉴, 참가 선물도 만족스럽다면 더할 나위 없겠다.

성공적인 대회를 위한 5가지 요소들을 어떻게 충족시킬 것인지 하나하나 방법을 제시하고자 한다.

참가 인원

총교우회 사무총장을 하면서 매년 80팀이 넘는 총교우회장배 골프대회를 진행했다. 36홀 골프장의 4개 코스로 80대가 넘는 카트가 이동하는 것을 보면 "와~" 소리가 저절로 나온다. 참가한 교우들 스스로 놀라며 대회에 참여하게 된다. 수도권에서 80팀 행사를 할 수 있는 골프장은 1~2개 정도밖에 되지 않는다. 기본 36홀 이상 되어야 하고, 더 중요한 것은 320여 명이 들어가 만찬과 행사를 할 수 있는 공간 유무다. 이런 여러 가지가 충족이 되어야 80팀 정도의 행사를 할 수 있는 것이다. 그렇다 보니 이 정도 규모의 대회를 참가해 본 사람도 많지 않다.

모든 모임이 80팀 정도의 골프대회를 할 필요는 없다. 전체 구성원 중에서 참가 가능한 최대치 정도의 규모면 된다. 모임 체력의 최대치를 끌어냈다면 충분히 잘한 것이다. 대회에 자연스럽게 신청한 사람 정도만이 아니라 집행부의 노력을 통해 최대한 규모를 키워 진행하는 경험도 해 볼 필요가 있다. 그래야 모임도 발전한다.

참가 인원을 늘리는 것에도 노하우와 방법이 있다.

첫째는 여유로운 날짜 공지다. 충분한 여유 기간을 두고 행사 날짜를 공지해 교우들이 스케줄을 미리 확인해 놓도록 해야 한다. 그래야 '다른 약속이 있어 참가가 어렵다'는 얘기를 할 수 없게 된다. 물론 연초에 '연간 행사 계획표'를 통해 행사 날짜를 미리 알 수 있도록 하지만 총교우회에서 공지하는 날짜도 충분히 여유로워야 한다.

둘째는 기수별 신청 취합이다. 개인별 참가 신청은 교우회 사무실로 해도 되지만 각 기수 사무총장들에게 기수별로 취합해 지정된 날짜까지 교우회 사무실로 알려달라고도 해야 효과적이다. 그렇게 해야 기수별로 기 사무총장이 독려하게 되고, 자체 기수별 지원 등을 통해 훨씬 많은 신청 인원을 확보할 수 있다. 사무국에서는 많은 참여가 예상되는 기 사무총장에게 수시로 전화를 걸어 독려하고 신청 상황도 확인해 예상했던 정도의 결과가 나오도록 해야 한다. 이런 방법이 사무국에서 직접 모든 교우들을 상대해 참여 독려를 하는 것보다 훨씬 효과가 좋다.

셋째는 전화 또 전화하는 것이다. 가장 강력한 방법이다. 참가 신청 마감일 공지를 후 신청을 하지 않는 교우들에게 전화를 해 참가를 독려한다. 성향에 따라 적극적으로 마감일 전에 신청을 하는 사람도 있지만, 신청을 할까 말까 고민하다 일단 미루어 놓은 경우도 많다. 이런 교우에게는 전화해 참가를 독려하면 대부분 참가하는 쪽으로 결정을 한다. 언제까지 결정해 알려주겠다는 경우도 많다. 이럴 때는 약속한 날짜에 다시 전화를 걸어 확인하고 참가 결정을 하도록 한다. 통화를 몇 번 하다 보면 미안해하며 참가를 결정하기도 한다. 전화 통화는 열정과 에너지가 많이 필요하지만 성공적인 대회를 위해 사용할 수 있는 가장 강력한 무기다.

넷째는 참가비를 일부 지원하는 것이다. 이 방법은 기수 차원에서 참가를 독려하면서 활용하면 효과가 좋다. 참가비가 25만 원이며 이 중 10만 원을 기 회비로 지원해 주는 방식이다. 가족 참가도 허용된 행사의 경우 가족까지 지원을 해 주면 많은 참여를 유도할 수 있다.

다섯째는 매력적인 경품을 준비하는 것이다. 골프대회 홀인원 상품으로 벤츠 자동차를 내건 적이 있다. 당시에 2년에 걸쳐 80팀이 참가하는 행사를 무리 없이 했다. 홀인원 시상품 보험 비용으로 꽤 큰돈이 들었지만, 분명 대회 참가를 유도하는 데는 효과가 꽤 있었다. 이 정도가 아니라도 85인치 TV, 최고급 아이언 세트 등 상징성이 있는 상품을 경품으로 걸면 효과는 있게 마련이다.

진행

언뜻 생각하면 80팀 정도의 골프대회는 매우 번잡할 것 같지만 의외로 그렇지 않다. 한꺼번에 많은 인원이 몰리기 때문에 북적북적하지만 무질서하거나 혼란스럽지 않다는 것이다. 그 이유는 시간, 장소별 모든 곳에 인원이 배치되어 있고 무엇을 어떻게 해야 하는지에 대한 사전 계획이 세밀하게 수립되어 진행되기 때문이다.

성공적인 행사의 관건은 철저한 사전 준비다. 많은 인원이 참가 신청한 대회라면 더더욱 행사를 잘 진행해 교우회에 대한 만족도를 높일 기회로 삼을 필요가 있다. 무엇을 어떻게 준비해야 할까?

① 체크리스트 작성과 시뮬레이션 반복

큰 행사를 진행하다 보면 어이없게도 전혀 생각하지 못했던 돌발 상황이 발생한다. 임시방편으로라도 바로 대처할 수 있으면 다행이지만, 행사 진행에 결정적 영향을 주는 문제가 발생할 수도 있다. 이런 상황을 만들지 않기 위한 방법이 행사 전 체크리스트를 작성하는 일이다. 체크리스트를 꼼꼼히 작성하고 머릿속에서 행사 과정을 시뮬레이션해 보면서 준비 사항을 반복해서 확인해 보아야 한다.

사무총장은 단계별 세부적인 계획을 수립하고 반복적인 시뮬레이션을 통해 돌발 변수들을 사전에 철저히 제거해야 한다. 이 과정의 수없는 반복이 행사의 완성도를 높이는 유일한 방법이다.

② 임무 숙지 교육

골프대회는 대부분 골프장 직원들과의 협조로 진행된다. 골프장 관리자들과 사전 협의를 통해 세부적인 사항까지 직원 교육을 요청해야 한다. 큰 대회 경험을 가진 골프장 측의 원활한 협조는 성공적인 대화를 위해서 매우 중요하고 필수적이다.

교우회도 접수 및 선물 배부, 시타식 진행, 성적 집계, 시상식 진행, 추첨 번호 문자 발송 등 세부 사안 및 행사별 임무 부여 및 행동 요령을 숙지하고 있어야 한다.

골프대회 접수 및 선물 배부

③ 공식 행사 진행 시나리오 작성

2부 공식 행사 시나리오 작성은 다른 행사와 마찬가지로 기본적인 사항이다. 디테일한 부분까지 시나리오에 명시하여 매끄러운 진행을 해야 한다. 시나리오 작성 시 주의해야 할 점은 심플하고 속도감 있게 진행하도록 해야 한다는 것이다.

특별히 더 신경 써야 하는 부분은 시상식과 현장 경품 추첨의 진행이다. 서식에 부문별 시상자를 정해 두어 원활한 진행이 되도록 하고, 부문별 시상 때 준비되어야 할 판넬·트로피·시상품을 순서대로 배열해 두고 현장 스텝이 착오 없이 전달하도록 사전 연습을 꼭 해야 한다. 현장 추첨 경품도 마찬가지다. 이런 부분이 숙지가 되지 않아 혼선을 일으키면 다른 부분이 아무리 완성도 있게 진행되었다고 하더라도 공들인 행사에 흠집이 나는 결과를 초래한다.

2023 고려대 AMP 총교우회장배 골프대회 시상 계획

시상명	수상 내용		시상자	시상품	비고
	스코어	수상자 (기숙)			
메달리스트			○○○ 회장님	트로피 + 스텔스 드라이버	판넬
우승	남		○○○ 골프 회장님	트로피 + 스텔스 드라이버	
메달리스트 2				퍼터(최고급)	판넬(메달)
우승	여		○○○ 총장님	트로피 + 젝시오 드라이버	
메달리스트 3				퍼터(최고급)	판넬(메달)
준우승	남		○○○ 상임 고문님	영주 한우세트(30만원 상당)	판넬
	여			영주 한우세트(30만원 상당)	판넬
롱기스트	남		○○○ 고문님	트로피 + 웨지	판넬
	여			트로피 + 퍼터(최고급)	판넬
니어리스트	남		○○○ 원장님	트로피 + 웨지	판넬
	여			트로피 + 퍼터(최고급)	판넬
다버디상			○○○ 경영 대상심사위원장님	에코 파우치	판넬
다파상			○○○ 자문 위원장님	에코 파우치	판넬
다보기상			○○○ 지도 위원장님	로마로 파우치	판넬

대박상			○○○ 대회 협력처장님	골프공(타이 틀리스트)	판넬
행운상			○○○ 주임 교수님	골프공(타이 틀리스트)	판넬
포토제닉상			심사 후 선정	샴푸세트 외 12	행사 후 택배 발송

④ 세밀한 협찬품 배부 계획

총교우회장배 골프대회에는 많은 협찬품이 들어온다. 사무총장은 수십 개의 협찬품에 대한 세부 사용계획을 사전에 세워야 한다. 전체 협찬품 중 시상품으로 사용할 것, 현장 추첨을 통해 전달할 것, 사전 추첨 및 문자 공지를 통해 배부할 것들을 미리 구분하여 정리해 두어야 한다. 이 계획을 사전에 세워 두어야 빈틈없이 마지막 하나까지 깔끔하게 전달할 수 있다.

현장 추첨을 통해 전달할 협찬품을 제외하고는 사전 추첨을 통해 문자 통보하여 교부처에서 받아 가도록 하면 행사를 훨씬 매끄럽게 진행할 수 있다.

협찬 물품 사용 계획

협찬품	개수	배포 / 활용	협찬교우	비고
자외선 차단 마스크	320	접수 시 배포	ㅇㅇㅇ 교우	
마스크 팩	100	접수 시 배포(여성 참가자)	ㅇㅇㅇ 부회장	선착순 100명
골프와인 패키지	80	40개 테이블당 2세트		2부 만찬장
고급 한우 세트	2	준우승 시상품 (남, 여)	ㅇㅇㅇ 교우	시상품
ㅇㅇㅇ 화장품 세트	6	사전 추첨 – 문자 공지	ㅇㅇㅇ 위원장님	
	4	포토제닉 시상		행사 후 택배 발송
홍삼선물세트	10	사전 추첨 – 문자 공지	ㅇㅇㅇ 상임 부회장	
ㅇㅇㅇ 커피 세트	1	사전 추첨 – 문자 공지	ㅇㅇㅇ 섭외위 회장	
	4	포토제닉 시상		행사 후 택배 발송
ㅇㅇㅇ 콘도 숙박권	5	사전 추첨 – 문자 공지	ㅇㅇㅇ 부회장	
기능성 ㅇㅇㅇ 헤어세럼, 샴푸 세트	6	사전 추첨 – 문자 공지	ㅇㅇㅇ 부회장	
	4	포토제닉 시상		행사 후 택배 발송
정관장 홍삼톤 세트	10	사전 추첨 – 문자 공지	ㅇㅇㅇ 부회장	
ㅇㅇㅇ 김치교환권	10	사전 추첨 – 문자 공지	ㅇㅇㅇ 집행이사	
고급 와인	10	사전 추첨 – 문자 공지		

협찬품	개수	배포 / 활용	협찬교우	비고
○○ 골프 티셔츠	25	최다 참가 기수상	○○○ 교우	회장님 시상
발효쌍화탕 박스	10	10인 이상 참가 기수 증정	○○○ 부회장	회장님 시상
○○○○○ 멀티비타민 선물세트	10	10인 이상 참가 기수 증정	○○○ 사무총장	회장님 시상
○○○○ 화장품 세트	5	행사장 추첨	○○○ 문화예술 위 회장	○○○ 문화예술 위 회장
작품 사진	1	행사장 추첨	○○○ 감사	○○○ 감사
휴대용 전기차 충전기	1	행사장 추첨	○○○ 부회장	○○○ 부회장
유명작가 그림	1	행사장 추첨	○○○ 부회장	○○○ 부회장
음식물 처리기	1	행사장 추첨	○○○ 부회장	○○○ 부회장
합계	626			

⑤ 대회 규정

모든 스포츠 경기는 엄격한 경기 규칙에 의거 진행되어야 한다. 이를 위한 대회 규정이 있어야 되는 것은 당연하다. 골프는 골프장별로 적용하는 로컬룰이 있다. 하지만 로컬룰만으로 해당 대회를 규정하기에는 부족하다. 본 대회만의 특성이 있기 때문이다. 따라서 골프장 로컬룰과 한국골프협회(KGA) 규정을 준용하되, 본 대회에 적용할 규정을 별도로 정해 적용할 필요가 있다. 대회는 엄정한 룰에 의해 진행되어야 그 결과에 모두

승복할 수 있기 때문이다.

대회 시상이 공정한 규정 적용과 정확한 집계 결과를 통해 이뤄지지 않는다는 인상을 조금이라도 주게 되면 그 대회는 실패할 수밖에 없다. 집행부는 한 치라도 이런 오해를 살 만한 행동이나 언행을 해서는 안 된다.

골프대회 규정

2023 고대AMP 총교우회장배 골프대회

[대회 규정]

1. 리베라CC 로컬룰을 우선 적용하고 대한골프협회(KGA) 골프규칙을 아울러 적용한다.
2. 컨시드는 골프장에서 제공하는 50cm 라인을 적용한다.
3. 볼은 마크를 하고 티샷 전에 서로의 볼을 확인한다.
4. 클럽은 14개까지 사용한다.
5. 티박스는 남자는 화이트, 여자는 (앞) 레드를 사용한다.
   - 65세 이상은 시니어 티박스 사용 가능 (선수조는 불가)
6. 첫 홀 올 파와 멀리건은 금지한다.
7. 공이 디봇 자국에 들어갔을 때는 그대로 플레이한다.
8. 벙커 발자국에 볼이 들어간 경우, 담당 캐디와 동반 플레이어 1인이 컨펌하면 모래를 고른 후 최초 볼 위치에서 샷을 할 수 있다.

9. 페어웨이나 벙커에 볼이 떨어져 절반 이상 박힌 경우, 캐디와 동반 플레이어 1인이 컨펌하면 정리 후 최초 볼 위치에서 샷을 할 수 있다.
10. 스코어는 양파까지 기록한다.

[벌칙 규정]

1. 대회 규정 위반 시 시상에서 제외
2. 2건 이상 대회 규정 위반조는 전체 시상에서 제외

※ 대회 규정 준수 여부는 담당 캐디와 동반 플레이어가 함께 확인
※ 선수조는 담당 캐디가 경기과에 엄정 보고하도록 사전 교육되어 있습니다.

⑥ 시상품과 경품

부문별 시상품과 최종 경품을 어느 정도로 해야 하는지는 정해진 바가 없다. 대회 규모에 맞춰서 적당하게 하라고 하면 너무 막연한데, 경험상으로는 전체 행사 비용의 약 5~10% 정도를 사용했다. 이 중 우승과 메달리스트에 얼마나 더 큰 비중을 둘 것인지도 정하기 나름이다. 우승과 메달리스트에만 지나친 비중을 둘 필요는 없지만, 트로피와 함께 대회 주인공들을 명예롭게 하는 데 있어서 손색이 없도록 하는 것이 좋다.

최종 경품은 행사 공지 시에도 표시가 되는데, 참가자들에게 복권 같은 기대감을 갖게 하여 행사를 한층 즐겁게 해 준다. 상품권이나 대형TV 등 기대감을 가질 만한 전자제품 같은 것이면 무난하다.

⑦ 식사 메뉴

식사 메뉴는 참가 비용, 찬조금, 골프장에서 요구하는 객단가 등을 고려하여 결정한다. 요즘은 고물가 상황이라 골프장 측과 메뉴를 정하는 데 있어서 원만하게 결론이 잘 나지는 않는다. 하지만 대회 퀄리티에 걸맞는 정도의 식사는 제공되도록 한다. 너무 일반적인 메뉴보다는 축제에 걸맞는 조금 더 특별한 구성을 할 필요가 있다. 잔칫상이 빈약하다는 인상을 주면 안 된다.

⑧ 참가 선물

대회 참가자 모두에게 주는 참가 선물은 과일 세트가 가장 일반적인데, 종류와 품질에 특별한 신경을 써야 한다. 다른 종류를 선택할 수도 있지만 제철 과일을 보자기로 정성스럽게 포장해 전달하면 모양도 나고 만족도도 높다. 과일은 특히 신선도와 당도 등 품질에 신경 써야 한다. 수백 세트를 주문하므로 균질한 제품인지도 확인해야 한다.

수백 개가 전달되는 이런 단체 선물은 개인 간 호불호가 있을 수 있는데, 호불호가 극명하게 갈릴 수 있는 품목은 제외하는 것이 좋다.

참가 선물

이외에도 성공적인 총교우회장배 골프대회를 위한 많은 디테일이 있지만, 책에서 모든 내용을 설명할 수는 없을 것 같다. 그래도 중요한 내용들은 모두 포함했다고 생각한다. 앞 내용을 바탕으로 각자의 창의적인 아이디어를 얹는다면 성공적인 대회를 치르는 것은 문제가 없을 것이다.

최고위 과정의 총교우회장배 골프대회는 중요한 의미를 갖는다. 교우회의 역량을 보여주는 행사이기 때문이다. 사무총장을 비롯한 집행부의 의지와 노력이 있다면 크게 어려운 일은 아니다.

1박 2일 행사

1박 2일 행사는 임원 하계 수련회나 세미나 형식의 행사다. 임원들의 연수 필요나 친목을 도모하고 결속력을 높이기 위해 진행한다. 대부분의 다른 행사들은 하루 동안 진행하는데, 1박을 하는 행사이기 때문에 교우회에서는 여러 가지 활용할 측면이 많다. 1박 2일이라는 시간 동안 충분하게 교류하고 단합할 수 있는 이벤트들을 진행할 수가 있다. 행사는 보통 트레킹조와 골프조로 나누어 진행한다. 원거리에서 숙박을 하는 행사이기 때문에 차량과 숙박 시설 예약 등 준비하고 신경 써야 할 것들이 꽤 있다.

행사의 완성도 있는 진행을 위해 답사는 필수다. 다른 행사 때도 행사 장소를 미리 답사하지만, 1박 2일의 일정이라면 반드시 꼼꼼하게 미리 계획하고 확인해야 성공적인 행사를 진행할 수 있다.

행사의 하이라이트는 저녁 만찬 행사다. 식사와 음주, 레크리에이션이 가미되어 그야말로 먹고 마시고 웃고 즐기는 시간이다. 교우회 임원들이 1박을 함께하며 어울릴 수 있는 드문 기회이기 때문에 친목을 도모하는 시간으로 잘 계획해 진행하면 결속력을 높이는 데 큰 효과를 볼 수 있다.

현지 답사

매끄러운 진행을 위한 현지 답사는 몇 번을 강조해도 지나치지 않다. 현지 답사를 하지 않으면 전체 행사를 머릿속에 그리며 진행할 수 없어 현장에서 우왕좌왕할 수밖에 없다.

현지 답사도 노하우가 있다. 막연하게 떠나면 안 된다. 출발 전에 이미 세부인 계획은 서 있어야 한다. 요즘은 인터넷 공간에서 답사 장소에 대한 기 경험자의 소감과 장·단점을 포함한 대부분을 확인할 수 있다. 따라서 인터넷상에서 확인한 내용만으로도 일정의 대부분을 계획할 수 있다. 그럼에도 현지를 직접 다녀와야 하는 이유는 인터넷만으로는 확인이 안 되는 부분들을 눈으로 확인하고 동선에 따라 직접 이동해 보면서 착오가 발생할 수 있는 여지를 없애기 위함이다.

숙소의 메인 행사 장소에서 담당자들과 준비 사항을 직접 협의하는 과정도 필수다. 만찬 메뉴의 확인 및 보완, 좌석 배치, 음향 설비 상태 등을 현장에서 직접 확인해 놓아야 한다.

1일차 일정

① 행사 진행

1일차 행사는 일반적으로 트레킹조와 골프조로 나누어 아예 별도의 일정으로 진행한다. 골프조는 진행에 크게 신경 쓸 것이 없으나, 트레킹조는 트레킹 코스 등을 사전에 세밀하게 계획해 두어야 순조롭게 진행할 수가 있다. 행사 진행자는 디테일한 부분까지 머릿속에 그리고 있어야 주도적으로 행사를 이끌 수있다.

두 조로 나누어서 진행하되 마무리 시간을 비슷하게 맞추어, 저녁 만찬 행사가 같이 진행될 수 있도록 해야 한다. 혹시 한쪽이 너무 늦게 끝나거나 행사장까지의 이동 거리가 길어 저녁 만찬 시간이 지연될 수 있는 경우에 대한 대책도 미리 준비해야 한다. 빨리 끝날 것으로 예상되는 조에 짧은 행사를 하나 더 넣어 지루하게 다른 쪽을 기다리지 않게 한다. 저녁 만찬이 조금 늦어지더라도 중간에 간단한 간식 등을 준비해 배고픈 시간이 없도록 한다.

② 저녁 만찬

1일차 저녁 만찬은 공식 행사이기도 하면서 1박 2일 행사 중 가장 중요한 시간이다. 참가자 전체를 대상으로 회장의 인사말이 있는 시간이고 모처럼의 1박 행사 중 술도 한잔하면서 친목을 다지고 여흥도 즐길 수 있기 때문이다. 그래서 만찬 메뉴도 특별하게 신경을 써야 한다.

저녁 만찬

③ 여흥

저녁 만찬이 어느 정도 마무리가 되면 참석자 전체가 한바탕 즐길 수 있는 여흥의 시간을 갖는다. 사무총장은 이 시간에 대한 계획을 잘 세워야 한다. 참여자들의 만족도를 가장 크게 좌우하는 시간이 저녁 만찬과 여흥이기 때문이다. 만찬은 음식을 잘 준비하면 되지만, 여흥 시간은 여러 가지 요소가 잘 결합돼야 만족도를 높일 수 있기 때문에 부담스럽지 않을 수 없다.

직접 여흥 시간을 진행하는 것이 부담스럽다면 외부 전문가를 초청하는 것도 방법이다. 하지만 이 시간은 부담이 되더라도 사무총장 또는 소질 있는 다른 교우가 진행하는 것을 권한다. 교우들을 개별적으로 알지 못하고 교우회의 여러 정황을 모르는 외부인은 어쩔 수 없이 진행 멘트 자체가 겉돌 수밖에 없기 때문이다.

사무총장은 이 시간에 어떤 종류의 이벤트를 진행할 것인지를 사전에 세밀하게 준비해 결속과 단합을 위한 절호의 기회를 놓치지 말아야 한다. 교우들의 성향이나 분위기에 걸맞는 내용이어야 한다. 너무 유치하고 상투적인 이벤트는 금물이다.

2일차 일정

2일차 아침 시간은 여유롭게 계획하는 게 좋다. 전날 늦게까지 술을 마신 분도 있고 모처럼 힐링 겸해서 온 행사를 너무 타이트하게 진행할 필요는 없기 때문이다.

전체가 참여할 수 있는 트레킹이나 관광 일정으로 부담없이 여유롭게 힐링할 수 있는 곳이 좋다. 편한 일정으로 진행하되 세밀하게 준비되고 계획된 일정이라는 인식을 줄 수 있어야 한다. 사전 답사를 통해 이런 계획들을 미리 세워야 한다.

① 점심 식사

트레킹이나 관광을 마무리 하고 점심 식사 장소로 이동하여 식사와 함께 행사 마무리를 한다. 물론 단체 버스를 이용한 경우는 다시 귀경하여 출발지에서 해산하게 되지만 참가자 전체가 모이는 마지막 시간이다. 식사 메뉴는 사전에 파악하여 참가자들이 식당에 도착함과 동시에 식사가 나올 수 있도록 해야 한다. 대부분 인원 수가 많기 때문에 도착 후에 식사 준비를 하면 많은 시간을 기다릴 수 있기 때문이다.

② 행사 마무리

개별 이동하는 교우도 있기 때문에 전체가 모이는 마지막 장소인 식당에서 식사가 어느 정도 끝나갈 즈음에 회장의 '마무리 인사말'을 할 수 있도록 한다.

1박 2일 행사는 교우들 간 오랜 시간 스킨쉽을 할 수 있는 매우 소중한 기회이다. 교우회 분위기가 전환될 수도 있는 행사다. 행사 후 모두가 만족스럽게 생각한다면 교우회 전체에 주는 긍적적인 효과가 크게 나타난다. 교우회에 대한 자부심을 가지며 행사 참여를 더 적극적으로 하고 참조나 협찬도 많아지게 된다.

다시 한번 강조하지만, 만족스러운 반응을 이끌어 내기 위한 방법은 세밀한 준비와 매끄러운 진행이다. 참석 교우들이 '행사를 위해서 많은 준비를 하고 공을 들였구나' 하는 인식을 가질 정도로 준비하고 준비해야 한다.

조찬 세미나

조찬 세미나는 바쁜 교우들을 배려하여 아침 이른 시간에 시의적절한 주제를 정해 전문가 강의를 듣거나 명사 초청 강의를 아침 식사 후에 듣는 행사이다. 보통 조찬 세미나에 참석 후 바로 출근해 업무를 할 수 있도록 7시부터 식사 시간 30분, 강의 1시간 정도로 계획해 늦어도 9시 전에는 모든 행사가 끝날 수 있도록 진행한다.

조찬 세미나 모습

명사 초청 대 시의성 있는 주제 강의

　조찬 세미나는 유명 인사를 초청해 강의를 들을 수도 있고 시의성 있는 주제를 가장 잘 설명할 수 있는 전문가를 초청해 진행할 수도 있다. 명사를 초청한다면 교우들이 어느 정도 관심을 가질 수 있는 인사인가가 참석률을 좌우할 것이다. 주의할 부분은 적절하지 않은 인사가 회장이나 누군가의 인맥으로 초청되는 경우다. 교우들은 이런 사람의 강의를 들으러 아침 일찍 나오려 하지 않을 것이다. 참석률이 저조할 수 있다는 것이다.

추천하는 강사는 시의성 있는 주제를 알기 쉽게 설명할 수 있는 전문가다. 누구나 관심을 가질 만한 주제는 많은 교우를 참석케 한다. 어떤 노력보다 주제가 갖는 힘이 참석률을 좌우한다.

생각보다 많은 인원이 참석하게 하는 힘은 주제의 선정에 있다.

진행

핵심이 강의이기 때문에 시간이 넉넉하지 않은 경우가 많으니, 사전 행사는 최대한 간결하게 진행할 필요가 있다. 국민의례도 국기에 대한 경례만 하고, 내빈 소개도 간단하게 한다. 회장 인사말도 짧게 하고 바로 강사 소개를 한다. 이렇게 강의 전 행사는 5분 내외로 끝내는 것이 좋다.

식순 예시

식순

개회	사회자
국민의례	일동
내빈 소개	사회자
회장 인사말	교우회장
강사	박태웅 의장(한빛미디어)
주제	챗GPT의 이해 – 인공지능의 시대
질의응답	참석자
공지사항	사회자
폐회	사회자

* 사회자: 김용우 사무총장

당일 노쇼 문제

조찬 세미나 진행의 어려운 점은 '당일 노쇼(no-show)'다. 호텔에 식사를 확정 인원으로 예약하기 때문에 당일 노쇼가 많으면 먹지 않은 식사비를 지불해야 할 수도 있고, 신청하지 않은 분들이 갑자기 많이 참석하면 식사가 모자랄 수도 있다. 보통 10퍼센트 내외로 노쇼가 있다. 이런 부분을 감안해 식사를 주문했는데도 당일 갑자기 참석 인원이 많아 당황스러울 때도 있다. 이런 상황을 대비해 사전 문자 공지 시 '신청 안 하신 분은 당일 입장불가'라고 명시할 필요가 있다.

경영대상 시상

교우회의 최고 영예인 경영대상은 보통 송년회 때 시상한다. 수백 명의 교우와 가족이 모인 자리에서 회사 소개와 경영 성과, 사회 기여 등에 대해서 집중 조명을 받으며 영광스런 수상을 하게 되는 것이다. 몇몇 언론에도 기사를 내보내 대외적으로도 홍보를 한다. 경영대상자는 별도로 명단을 관리하며 교우회 차원의 존중과 예우를 한다. 가장 많은 인원이 모이는 가장 큰 행사인 송년회에서 집중 스포트라이트를 받으면서 수상하는 것은 보통 영광스러운 일이 아니다. 교우로서의 가장 영예로운 순간이라고 할 수 있다. 충분히 받아볼 만한 가치가 있다.

경영대상 시상은 두 가지 방식이 있다. 재무·비재무 내용의 엄격한 심사를 통해 선정하여 시상금을 주는 방식과, 심사를 통해 선정하되 특별 기부금을 일정 금액 받는 방식이다.

시상금을 주는 방식

재원이 넉넉하다면 가장 바람직한 방식이다. 좋은 기업을 일구고 사회 기여 활동도 열심인 교우를 엄정하게 선발하여 그간의 노고를 격려하며 시상하는 것이다. 사전에 공지한 심사 항목과 엄정한 심사 과정이 당연히 따라야 한다. 공정성을 담보하지 못한다면 시비가 따를 수 있다. 심사위원 모두가 인정하는 과정과 내용에서의 공정성이 있어야 한다.

기부금을 받는 방식

이 방식은 신청 교우 중 재무, 비재무 내용 등을 심사하여 경영대상을 주되 일정 금액의 기부금을 받는 방식이다. 기부금을 내야 하기 때문에 신청 교우가 많지 않을 수 있다. 교우회 재원을 마련한다는 측면에서 도움이 많이 되는 방식이지만 경영대상을 받을 만한 교우 및 기업인지는 잘 살펴봐야 한다. 기부금을 내더라도 본인 또는 기업의 홍보를 위해서 신청을 하는 경우도 있기 때문이다. 기부금을 낸다고 아무에게나 시상하게 되면 상의 권위는 떨어지게 된다.

이 방식의 경우에도 사전에 정한 일정 기준에 따라 심사 과정을 거쳐, 거기에 부합하는 교우들을 선정해야 한다. 시상식에서는 경영대상 심사위원장이 선정 기준을 제시하고 어떤 부분에서 수상자들이 부합했는지를 설명해야 한다. 그렇게 함으로써 이 방식도 시상금을 주는 경우 못지않은 권위를 가질 수 있다.

경영대상 시상식

경영대상 시상식은 수상자들을 가장 영예롭게 해주는 행사여야 한다. 3명이 받는다고 하면 시상식 구성을 정말 잘 해야 한다. 촘촘하게 구성해 진행하지 않으면 우왕좌왕 지지부진하게 되어 수상자도, 지켜보는 교우들도 지루해하는 행사가 된다. 수상하는 3명의 수상 시간을 구분해, 10분 정도의 짧은 시간이라도 각자가 온전히 주인공인 시간을 만들어줘야 한다.

경영대상 시상식

권장하는 시상식 식순은 다음과 같다.

시상식 식순

- 경영대상 수상기업 발표 ----------- 경영대상심사위원장

  ※ 경영대상 기업 선정 경과보고 및 기업별 선정 사유 발표

- 수상기업 소개영상 상영

  ※ 사전 제작된 3분 정도의 교우 및 기업 소개 영상

- 시 상 ----------------- 교우회장, 경영대상심사위원장 외

  ※ 시상자, 수상자 위치 사전 확정, 상패 등 전달 순서 체크

- 기념사진 촬영

  ※ 가족도 무대로 불러 촬영

- 수상 소감 --------------------------------------- 수상자

  ※ A4 용지에 약간 큰 글씨(13pt)로 2/3 정도 채운 분량으로 하되, 사전에

  내용을 받아 내용과 분량을 확인한다.

* 3명에게 수여할 시 이 과정을 지체 없이 반복한다.

2023 고대 AMP 경영대상 후보업체 추천서

• 추천 업체 개요

업체명		대표이사 (교우기수)	(기)
년월		업종	
상시 종법원 수		창업 여부	창업( ) / 가업승계( ) / 기타( )
교우회 직책	전: 현:	주요 대외 활동 직책	
주소			

• 주요 재무정보

주요 재무상태표　　　　(단위 : 백만원)　주요 손익계산서　　　　(단위 : 백만원)

구분	2020	2021	2022	구분	2020	2021	2022
자산총계				매출액			
부채총계				영업이익			
자본총계				당기순이익			

• 추천 사유

206

2023 고대 AMP 경영대상 심사표

재무항목 : 50점						
구분		2020	2021	2022	총 합계	점수
성창성	총자산증가율					
성창성	매출액증가율					
성창성	유형자산증가율					
수익성	매출원가율					
수익성	영업이익률					
수익성	당기순이익률					
안정성	부채비율					
안정성	이자보상배수					
안정성	차입금의존도					
활동성	매출채권회전율					
활동성	재고자산회전율					
활동성	총자본회전율					
점수						

비재무항목: 50점				
구분		배점기준	배점	점수
설립일로부터 기간	년	~4년: 1점, 5~9년: 3점, ~10년: 5점	5	
상시 종업원 수	명	~49명: 1점, 50~99명: 3점, ~100명: 5점	5	
창업여부	창업	승계: 1점, M&A: 3점, 창업: 5점	5	
사회공헌 활동			10	
교우회 활동	전: 현:		10	
기타		CEO 경영 마인드 및 미래 비전 등	15	
점수				

총 점수		0

2023 고대 AMP 경영대상 비재무 조사표

업체명(대표자/기수) : _____

구분	내용
사회공헌 활동	
CEO 경영 마인드	
미래 비전	
기타	

송년회

교우회 송년회는 행사의 연말 결산이자 파티다. 연간 진행되는 행사 중 가장 큰 규모로 진행되고 참석 인원도 가장 많다. 총교우회장배 골프대회 이상의 공을 들여야 하는 행사다. 경영대상 시상식이 행사 중 진행되고 시기에 따라 회장 이·취임식이 있기도 하다. 이렇게 비중 있는 행사들이 같이 진행되는 송년회는 여러 면에서 교우회의 최대 행사 역량을 보여줄 수 있는 이벤트다.

송년회 행사 장면

　호텔식 만찬과 공연에 푸짐한 경품과 참가 선물까지 주는 파
티이기도 하다. 매번 행사가 끝나고 전체 행사 사진 파일을 받
아 보면서 새삼 느끼는 것 중 하나가 송년회에는 정말 멋진 차
림으로 참석한다는 것이다. 사진을 넘기면서 감탄을 하게 되는
데, 여성 교우나 교우 사모들 같은 경우는 대부분 가장 멋지게
입고 참석하는 것을 확인할 수 있다. 연말 파티에 참석하는 복
장 그대로다.

송년회는 참석하는 사람들 모두 기대가 커서 거기에 부응을 해야 하는 행사다. 그래서 11월 초부터 집행부는 행사 준비에 만전을 기한다. 어떤 것들을 어떻게 준비하고 진행해야 하는지 살펴보자.

준비

가장 많은 인원이 참가하는 행사인 만큼 준비할 것도 가장 많다. 사무국에서 한 달여를 준비해도 시간이 모자랄 정도다. 참석 인원 파악, 식사 메뉴, 좌석 배치, 플래카드, 행사 브로셔, 포토존 설치 등 준비할 게 한두 가지가 아니다. 송년회도 체크 리스트를 작성해 빈틈없이 준비할 필요가 있다. 주요 준비 사항은 어떤 게 있을까?

참석 인원

참석 신청에 대한 전체 공지를 하되 각 기수 회장, 사무총장에게 기수별 취합을 요청해야 한다. 기본적으로 송년회는 참석 인원이 많긴 하지만 일부 기수만 편중되게 참석하는 것보다는 기수별 일정 인원 이상이 참석하는 것이 바람직하기 때문에 기회장, 사무총장과 이런 부분을 조율하면서 신청을 받는다.

기수별 참석 인원은 해당 기수의 활성화 정도를 보여주는 측면도 있기 때문에 이 결과를 향후 교우회 운영에도 참고할 필요가 있다.

식사 메뉴

만찬 식사는 코스와 뷔페식이 있다. 소규모 행사는 보통 뷔페식으로도 진행하지만, 송년회처럼 수백 명이 참석하는 행사는 뷔페식이 불가능하다. 코스 요리로서 메뉴는 스테이크가 일반적이다. 어느 정도 가격대로 할 것인가는 전체 예산 규모 등을 감안해 결정해야겠지만, 연말 파티에 식사가 부실할 수는 없다. 행사 후 "식사가 좋았다"는 얘기가 나와야 한다.

와인과 가벼운 과일, 떡 등을 에피타이저로 준비해 메인 요리가 나오기 전에 같은 테이블에 앉은 사람들끼리 건배 등으로 자연스럽게 인사를 나누게 하면 좋다. 이렇게 준비를 하면 행사가 지연되어 식사가 조금 늦어져도 불만스러워하지 않는다.

참석 선물

송년회 같은 경우 참석 비용을 10만 원 정도 받아도 실제 인당 행사 비용을 계산하면 그 두 배 이상이다. 차액은 교우회비와 찬조금으로 충당한다. 10만 원 정도면 식사비도 안 되는 금액이다. 여기서 차액은 선물, 공연 초청비용 등 때문에 발생한다. 비용을 떠나 교우라면 연중 가장 대규모 교우회 행사인 송년회는 꼭 참석해 볼 만하다.

송년회 참석 선물은 주로 이불, 전자 제품, 의류 등이 주로 채택된다. 소비자가로는 10만 원이 훌쩍 넘어도 대량 구매를 통해 가격을 낮출 수 있는 품목들이다. 일반적으로 교우들이 직접 제조하거나 취급하는 제품인 경우가 대부분이다.

참석 선물은 받았을 때 만족감이 있어야 한다. 맛있는 식사에, 좋은 공연도 보고, 괜찮은 선물도 받아 간다는 느낌을 줄 수 있어야 한다. 그래서 미리 알아보고 좋은 제품을 선택할 수 있도록 공을 들여야 한다.

참석 선물 배부 모습

포토존

연말 송년회는 파티이기도 하다. 참석자 대부분이 멋진 모습으로 참석한다. 행사장 곳곳에서 사진 촬영을 하지만 별도로 포토존을 만들면 한층 파티 분위기를 살릴 수 있다. 포토존을 잘 설치해 두면 줄을 서서 촬영 순서를 기다리는 광경을 볼 수 있다.

포토존은 일정 규모 이상이 돼야 사진이 잘 나온다. 적어도 가로 4.5m 이상, 세로 2.5m 이상 정도 돼야 프레임 안에 배경을 자연스럽게 담을 수 있다.

송년회 포토존

찬조와 협찬

송년회는 찬조와 협찬이 가장 많이 들어오는 행사다. 물론 자발적으로 들어오는 것은 아니다. 집행부 노력의 결과다. 노하우는 이 책 3부 내용 중 '찬조와 협찬의 기술'을 참고하기 바란다.

찬조와 협찬은 분위기를 만드는 것이 중요하다. 많은 교우가 참여할수록 동참하고자 하는 분들이 많아진다. 기수 분담금도 주변 기수가 대부분 납부하면, 기수의 자존심과 관련된 문제로 인식하면서 거의 내게 된다.

고가 협찬품인 경우에는 사전 추첨 및 문자 공지로 배부하지 말고 만찬 시간이나 행사 말미에 별도로 협찬 교우와 제품에 대한 소개를 해 주며 추첨을 진행하면 광고효과 때문에 다음 행사 때도 협찬을 기꺼이 하게 된다.

진행

종종 총교우회장배 골프대회나 송년회 같은 큰 행사의 경우, 외부 기획사에 의뢰해 진행하는지를 묻는다. 이 정도 규모면 자체적으로 진행하기에는 무리라는 생각을 했거나 또는 외부 기획사가 진행할 정도로 행사가 매끄럽다는 의미일 것이다. 교우회의 모든 행사는 자체적으로 준비해 진행한다. 집행부의 능력과 스타일에 따라서 차이가 많이 나기도 하지만, 교우회는 기본적으로 큰 행사 진행에 대한 노하우를 가지고 있다. 진행을 잘 하기 위한 몇 가지 포인트들을 적어 보고자 한다.

행사 시나리오의 작성

모든 행사에서 사무총장은 행사의 처음부터 끝까지를 시나리오를 작성해 미리 그려 보아야 한다. 행사 직전까지 수없는 시뮬레이션 반복을 통해 돌발 상황에 대한 대비를 해 두어야 한다. 이 단계에서 얼마나 구체적으로 대비를 했느냐가 행사 완성도를 결정한다.

행사 진행은 시나리오를 작성하여 철저히 거기에 따라 진행한다. 행사는 막힘과 버벅임이 없어야 하는데, 시나리오 작성만이 해결책이다. 큰 행사를 애드립으로 진행하는 것은 절대적으로 피해야 한다. 방송국 전문 아나운서들도 대본을 작성해 진행하는데, 아마추어가 식순만 보고 즉석 진행하는 것은 어불성설이다. 즉석 진행으로 인한 더듬거림과 적절하지 않은 어휘 선택은 참석자들의 인상을 찌푸리게 할 것이다.

예행 연습

행사 시작 최소 2시간 정도 전부터는 행사 장소에서 실제 같은 시연을 해 보아야 한다. 시나리오에 따라 모든 순서에 대한 진행을 확인해야 한다. 사무총장은 시나리오의 식순대로 읽어가며 하나하나 진행할 내용을 미리 확인해 보아야 한다. 시상식 등 무대에서 진행되는 부분에 대해서는 시상자와 수상자의 동선과 위치, 표창장과 시상품의 전달 시기와 방법 등을 꼼꼼하게 현장 스태프에게 숙지시켜야 한다.

영상음향팀과 식순에 따른 스크린 내용과 효과음 등을 맞춰보는 것도 중요하다. 이 부분이 원활치 않으면 다 된 밥에 재 뿌리는 것과 같은 어이없는 상황을 발생시킨다. 많은 노력을 기울였음에도 엉뚱한 곳에서 행사를 망칠 수 있다는 것이다. 영상음향팀은 조금 비싸더라도 실력 있고 좋은 장비를 가지고 있는 곳과 계약하는 게 좋다. 영상과 음향이 궁극적으로 참석자의 만족도 차이를 만들어 내기 때문이다.

경품 사전추첨과 문자 공지

일반적인 협찬품은 1부 행사가 끝나는 시간부터 사전 추첨된 번호를 문자 공지한다. 5~10분 정도 간격으로 당첨된 번호를 문자 공지하고 사회자는 이 내용을 안내해 교부처에서 찾아가도록 한다.

자세한 내용은 다음 장에 이어지는 '큰 행사를 성공적으로 진행하는 노하우'를 참고하기 바란다.

만찬 시간을 활용하는 방법

많은 사람이 참석하는 행사는 지루함 없이 매끄럽게 진행되는 것이 무엇보다 중요하다. 규모가 큰 행사이다 보니 순서에 넣어 진행해야 할 것도 많고 챙겨야 할 사람도 많다. 하지만 이런 것들을 모두 포함시켜 진행하다 보면 지루하고 매끄럽지 못한 행사가 되고 만다. 만찬 시간을 잘 활용하면 이 문제들을 해결할 수 있다.

만찬은 예고된 시간에 시작돼야 한다. 참석자를 배고프게 하면 그 행사는 실패할 수밖에 없다. 그래서 아무리 행사 내용이 많아도 보통 저녁 7시 정도에는 만찬이 시작되어야 한다.

만찬 시간은 보통 30~40분 정도가 주어진다. 이 시간에 공식 식순에 넣기는 좀 그렇지만, 빠뜨리면 안 되는 행사 내용을 넣는 것이다. '최다 참가 기수상 시상'을 하거나 비중 있는 협찬품을 현장 추첨으로 진행하는 것이다.

공식 식순에 넣어 한 말씀할 기회를 드릴 수는 없지만, 꼭 마이크를 한 번 드려야 할 분이 있으면 이 시간에 한 말씀과 건배 제의를 부탁한다.

만찬 시간에 하는 이런 행사에 참석자 모두가 집중해 주기를 바라는 것은 무리다. 식사를 하면서 테이블 별로 건배를 하기도 하고 자리를 이동해 다른 교우들과 얘기하는 모습도 볼 수 있는데, 이런 부분은 감수하고 진행해야 한다.

만찬 시간을 활용해 이런 행사들을 진행해 버리면 전체적으로 행사는 매우 촘촘하게 진행된 느낌을 주게 된다. 만찬 시간은 참석자들을 지루하지 않게, 배고프지 않게 하면서도 행사를 성공적으로 진행할 수 있게 하는 보석 같은 시간이다.

축하 공연

행사의 대미를 장식하는 축하 공연은 대형가수 한 사람을 초청하거나 실력 있는 가수, 연주자 여러 명을 초청해 다채롭게 구성해 진행하는 방법이 있다. 장단점이 있겠으나 대단한 대형가수가 아니라면 실력 있는 연주자나 가수 여러 명을 초청해 진행하는 방법을 선호한다. 실력 있는 여러 명을 초청해 잘 구성해서 진행하면 훨씬 좋은 반응을 이끌어낼 수 있다. 대단한 대형 가수를 초청하는 것은 비용 때문에 현실적으로 어렵기도 하다.

가수, 연주자 여러 명을 초청해 행사 당일의 분위기에 맞게 구성해 진행하는 것도 묘미가 있다. 이런 방식으로 진행할 때는 팀당 3곡 정도를 부르거나 연주하게 하는 것이 좋다. 4곡까지 가면 대부분 지루한 감을 준다. 가수나 연주자에게는 사전에 중간 멘트를 하지 않거나, 하더라도 짧게 해야 된다고 주의를 줘야 한다. 중간에 멘트가 들어가면 흐름이 깨지고 정해진 시간도 지체돼 행사의 완성도를 떨어 뜨리기 때문이다.

큰 행사를 성공적으로
진행하는 노하우

    교우회에서 진행하는 큰 행사는 '총교우단합 등산대회', '총교우회장배 골프대회', '송년후원의 밤 및 경영대상 시상식' 등이다. 300여 명에서 700여 명까지도 참여하는 행사들이다. 이 정도 규모의 행사들은 교우회의 행사 진행실력과 저력을 보여준다. 세밀한 준비 없이 진행해 실망을 안겨주게 되면 무성한 원망과 함께 후폭풍을 겪어야 한다. 후폭풍은 이후 행사에 대한 교우들의 불참과 무관심이다.

    반면 이런 행사를 성공적으로 치르게 되면 큰 만족감과 함께 교우회에 대한 자부심을 불러일으킨다. 이런 자부심은 여러 가지 측면에서 시너지 효과를 낸다. 궁극적으로는 좋은 예비 원우들의 과정 지원 수를 늘리는 데까지 연결된다고 볼 수 있다. 교우회 큰 행사를 성공적으로 진행하는 노하우 몇 가지를 적어 본다.

세밀한 계획과 시나리오 작성

이런 행사를 진행할 때는 계획, 준비, 실행, 평가 단계로 나누어 단계별 세밀한 계획을 세워 진행해야 한다.

① 계획

행사 전체에 대한 계획을 세워서 미리 진행 과정을 구상해 본다. 일자별 진행해야 할 사항들을 정리한다. 체크리스트를 작성하고 진행 과정에서 발생되는 여러 상황을 반영하여 첨삭한다.

② 준비

행사 준비물 목록은 별도로 작성하여 확인한다. 영역별 준비 사항을 확인하며 보완한다.

③ 실행

계획하고 준비한 것들을 실행하며 다양하게 발생하는 돌발 변수에 대응한다.

④ 평가

행사 후 피드백을 통해 보완할 점을 정리하여 다음 행사 때 반영한다.

반복 시뮬레이션

행사 준비에 있어 가장 중요하게 생각하는 부분이다. 큰 행사들은 머릿속에서 처음부터 끝까지 수십 번을 반복 진행해 봐야 한다. 이 시뮬레이션에서 발생이 예상되는 문제들을 하나하나 보완하다 보면 돌발 변수가 될 수 있는 것들이 사라지고 훨씬 완성도 있는 행사를 진행할 수 있게 된다. 이 과정을 얼마나 치밀하게 했느냐에 따라 행사의 완성도가 결정된다.

행사 당일에는 그야말로 정신이 하나도 없다. 당일 발생되는 돌발 상황들은 사전에 어느 정도 준비되지 않은 경우 대처가 되지 않을 수도 있다. 미리 예상하고 준비해야 미흡한 부분이 생기지 않는다. 완성도 있는 행사를 위해서 이 과정은 아무리 강조해도 지나치지 않다. 큰 행사를 임박하게 앞둔 시기면 이미 사무총장은 머릿속에서 행사를 수십 번 치러본 상태여야 한다.

명확한 역할 분담과 사전 예행 연습

총교우회 행사는 사무총장이 전체 행사를 기획하고 진행하고 실무적인 준비는 사무국에서 한다. 이 역할 분담이 명확하고 역할 수행에 빈틈이 없어야 한다. 사무총장과 사무국은 끊임없이 협의하고 조율하고 보완하며 함께 일을 해나가야 한다.

일부 부분에 대해서는 예행연습을 꼭 할 필요가 있다. '잘하겠지' 하면서 예행연습 없이 본 행사를 진행하다가는 의도와는 다른 상황들을 끊임없이 맞닥뜨려야 한다. 예를 들면 골프대회 시상식을 진행할 때 사전에 시상 부문별 판넬, 트로피, 시상품

등 준비해서 전달해야 할 것들을 명확하게 스태프에게 주지시켜 놓지 않으면 엉뚱한 시상품이 전달되거나, 전달이 아예 안 되는 경우도 생길 수 있다.

연말 '송년 후원의 밤'에 진행하는 경영대상 시상식도 두세 사람의 교우가 받게 됐을 때 짜임새 있게 구성해 진행하지 않으면 무대에서는 계속 우왕좌왕 하게 된다. 특히 세 사람이 받는 경우에는 정말 촘촘하게 계획되고 진행되어야 한다. 그러지 못하면 전체 행사의 완성도를 크게 훼손하게 된다. 행사 순서, 시상자와 수상자의 위치 및 동선, 스태프의 관련 물품 전달 타이밍 등이 사전에 명확히 계획되고 스태프에게 주지되어야 한다.

경품 추첨 결과 문자 전송

행사에 후원하는 다양한 협찬품들은 일부 시상품으로 쓰기도 하지만 대부분은 추첨을 통해 참가 교우들에게 배부한다. 그런데 이 협찬품 추첨을 행사 중에 현장에서 직접 진행하면 되면 시간도 많이 소요되고 행사 자체를 지루하고 어수선하게 만든다. 많은 협찬품을 다 현장에서 추첨하는 경우는 이 문제가 야기시킨 것들이 행사에 큰 오점으로 남을 수도 있다.

이 문제를 간단히 해결하는 방법이 있다. 추첨을 사전에 감사 등이 직접하고 그 결과를 행사 중에 참가자들에게 문자 전송을 한 후, 사회자가 안내방송을 해 행사장 한편에 마련된 교부처에서 찾아갈 수 있도록 안내하면 전혀 번거롭지 않게 배부할 수 있다.

또한 모든 협찬품 추첨을 사전추첨으로 진행기보다는, 비중 있거나 고가의 협찬품 같은 경우 현장에서 직접 추첨을 해 배부하면 교우들의 행사 집중도도 높일 수 있고 행사 홍보 효과도 볼 수 있다.

참가비 사전 입금

행사 참가비를 사전에 입금받게 되면 현장에서의 번잡함을 피할 수 있고 무엇보다 당일 노쇼를 줄이는 효과를 볼 수 있다. 총교우회장배 골프대회 같은 경우 참가비를 사전에 입금받고 안 받고의 차이가 명확하게 나타난다. 송년회도 식사 인원 수를 사전에 호텔측에 예약 확정해야 하기 때문에 정확한 참석 인원 파악이 매우 중요한데 사전 입금을 받으면 당일 오차를 크게 줄일 수 있다. 이런 장점들이 많기 때문에 참가비 사전 입금이 당연시 되는 문화를 만들 필요가 있다.

행사에서 피해야 할 것들

① 지루하게 하지 말 것

모든 행사는 국민의례를 포함한 공식 행사와 시상식, 2부 만찬과 축하공연 등의 순서로 진행이 되는 데 자칫 지루하게 할 수밖에 없는 요소가 다분하다. 심지어 축하공연도 한 공연자가 귀에 들어오지 않은 여러 곡을 부르게 되면 지루하게 느껴진다. 참가자들이 지루해할 수 있는 부분들을 최대한 줄이는 게 관건이다. 사전 시뮬레이션을 통해 이런 요소들을 제거하는 과정이 꼭 필요하다.

초청 공연 때도 한 가수만을 부르는 경우는 예외지만 여러 가수가 나오는 경우 3곡에 앵콜곡 1곡을 더 부르는 것은 지루함을 유발할 가능성이 크다. 2곡에 앵콜곡 1곡이 좋다. 공연 가수가 중간에 멘트하는 것도 흐름을 깨는 군더더기다. 사전에 조율하여 멘트를 넣지 않게 할 필요가 있다.

전체적으로 행사가 지루한 느낌을 주지 않기 위해서는 사전에 작성한 행사 시나리오대로 빠르게 진행되는 모습을 보여 주는 것이 가장 중요하다. 주최측이 계획한 대로 막힘없이 진행되는 모습을 보이면 참석자들도 빠른 템포 속에서 지루함을 느끼지 않을 것이다.

② 배고프게 하지 말 것

행사 진행을 아무리 잘해도 참석자들을 배고프게 하면 좋은 평가를 받기 어렵다. 시간 계획을 잘 세워서 너무 늦지 않게 식사가 나오도록 하거나 조금 늦어질 것이 예상되는 경우 허기를 채울 수 있는 빵이나 떡 같은 간식을 테이블에 미리 준비해 둘 필요가 있다. 계획했던 행사가 지지부진하게 진행되면 당초 예상했던 식사 시간을 초과하기가 쉽다. 그래서 세밀한 사전 시뮬레이션이 중요하다. 배고픈 상황에서 행사도 지루하면 참가자들은 화가 나게 돼 있다. 이런 경우 행사 중간에 돌아가 버리는 사람들도 있다.

저녁 행사의 경우 에피타이저로 와인, 떡, 과일 등을 비치한 경우라도 식사는 7시 정도에 시작할 수 있도록 하는 것이 좋다. 보통 저녁 6시에 행사를 시작하기 때문에 1시간 안에 주요 행사를 마무리하고 비중이 크지 않은 것들은 만찬 시간에 진행하면 된다. 사무총장은 30~40분 정도 되는 만찬 시간에 다양한 내용들을 구상해 진행한다. 몇몇 분의 건배제의, 최다참가기수상 시상, 비중 있는 협찬품 추첨 등 식사와 병행할 수 있는 내용들을 이 시간에 배치하면 훨씬 매끄러운 행사가 된다.

물 흐르듯 완성도 있게

얼마나 치밀하게 준비하고 돌발 변수 없이 행사를 잘 진행하느냐는 다시 한번 강조하지만 철저한 준비에 달려 있다. 준비한 행사가 물 흐르듯 착착 진행되면 참가자도 뿌듯하고 준비한 집행부도 흐뭇하다. 세밀한 계획과 철저한 반복 시뮬레이션, 이 과정만이 그런 결과를 줄 수 있다.

기 사무총장할 때 제주도 1박 2일 세미나를 진행한 적이 있는데 참가했던 한 분이 행사 끝나고 "행사가 처음부터 끝까지

물 흐르듯 한 번도 막힘 없이 진행되어 감동받았다"는 문자를 주셨다. 여러 격려 문자가 있었지만 이 문자를 보고 나도 감동을 받았다. 주안점을 둔 부분에 대해 이런 평가를 받았을 때 집행부로서 가장 큰 보람을 느끼게 된다. 당시에 제주도 가이드를 통해 호텔 방 키를 준비해 공항에 오도록 하여 호텔로 이동하는 버스에서 사전에 배정된 방 키를 배부해, 도착해서 바로 각자 방으로 이동하게 했다. 보통은 호텔 로비에서 한참을 기다려 키를 받고 배정된 방으로 올라가는데, 세밀한 사전 준비로 색다른 경험을 제공한 것이다.

큰 행사를 치르면서 미흡한 부분이 생기면 한동안 마음고생을 한다. 성격이 완벽주의자이기도 하지만 '조금만 더 준비를 잘했더라면 그런 일이 없었을 텐데' 하는 아쉬움이 한동안 나를 괴롭히기 때문이다. 행사 끝나고 보람과 흐뭇함을 느끼기 위해서는 철저한 사전 준비를 통해 완벽한 행사를 진행하는 방법밖에 없다. 스스로 만족이 됐을 때 어느 누구의 칭찬보다 보람과 희열을 느끼게 된다.

소규모 행사의
형식 구성과 진행

　교우회 운영은 대부분 크고 작은 행사들을 진행하는 것이
다. 크게는 총교우회장배 골프대회, 총교우회 송년회 등이 있
고 작게는 총교우회 동호회나 기수 교우회 행사, 기수 골프 월
례회, 10여 명 내외가 참석하는 반모임 같은 행사들이다. 큰
행사들은 관례적인 진행 형식이 있다. 그 관례에 따르면서 시
기별로 가감해야 할 내용들을 반영하면 된다. 사무총장이 창
의성을 가지고 진행해야 할 행사는 소규모 행사들이다. 그 창
의성은 물론 일반적인 행사 진행 형식 범위 안에서 발휘되어
야 한다.

소규모 행사라 하더라도 일정한 형식을 갖추지 않으면 교우회의 권위와 교우들의 자부심은 손상될 것이다. 준비된 형식에 맞춰 행사가 진행될 때 참석자들은 훨씬 진지하게 행사에 임한다. 사무총장은 아무리 적은 인원이 참석하는 행사라도 미리 형식을 구상하고 거기에 맞춰 진행해야 한다. 소규모 행사라도 모양과 일정한 형식을 갖추는 것은 회장의 명예를 위해서도 필요하며, 참석한 교우들에 대한 예의이기도 하다.

소규모 행사의 형식 구성

소규모 행사의 경우 형식을 구성하는 요소는 아래와 같다. 이런 요소들로 행사의 틀을 짜고 사무총장이 융통성 있게 진행하면 된다.

- 개회선언(사무총장)
- 국민의례(생략 가능)
- 회장 인사말
- 축사(필요한 경우)

- 안건 진행(있는 경우)

- 회장 마무리 말씀

- 폐회 선언(사무총장)

진행

사무총장은 행사 형식을 구성하고 진행하는 주체인데 사무총장의 진행 태도가 행사 분위기와 무게감을 좌우한다. 그냥 먹고 마시는 가벼운 자리가 아닌, 규모는 작지만 교우회 차원의 행사라면 사무총장은 행사 분위기를 진지하게 이끌어야 한다. 그런 진지함이 만들어져야 회장의 인사말도 무게감이 생기고 교우들이 더 경청하게 된다.

행사 형식의 구성 요소별 내용을 구체적으로 살펴보자.

① 개회선언

사무총장은 곧 행사가 시작된다는 안내와 함께 자리 정돈과 주목을 요청한 후 행사의 시작을 공식적으로 선언한다.

예) 지금부터, ○○○○ 행사를 큰 박수로 시작하겠습니다.

② 국민의례

반모임 정도의 행사에서는 할 필요가 없다. 하지만 총교우회 동호회 행사나 기수 송년회 행사 정도의 규모에서는 '국기에 대한 경례' 정도는 하는 게 좋다. 국민의례를 식순에 넣으면 행사 분위기가 훨씬 진지해진다. 최고위 과정의 교우 정도라면 사회나 국가에 대한 책임의식을 가져야 한다고 생각하며, 이런 의식의 고취 차원에서도 일정 규모 이상의 행사에서 국민의례는 가급적 하는 것을 권한다.

③ 회장 인사말

소규모 행사에서도 회장 인사말은 핵심 요소이다. 교우들에게 교우회와 행사 관련한 메시지를 전달하는 시간이면서 회장으로서 가장 명예로운 순간이기도 하다. 사무총장은 큰 박수와 함께 회장이 인사말을 할 수 있도록 소개한다.

예) 다음은 ○○○ 회장님의 인사말씀이 있겠습니다. ○○○ 회장님을 큰 박수로 모시겠습니다.

④ 축사

당일 행사에 예우해야 할 외빈이 있거나 공식적으로 '한 말씀'을 청해 들을 필요가 있는 분께 요청한다. 기수 골프 월례회의 경우 회장 인사말은 골프회장이 하고, 축사는 기수 회장에게 요청하는 형식이다. 굳이 할 필요가 없는 상황에서는 생략해도 된다.

⑤ 안건 진행

당일 행사에서 협의해야 할 내용이 있거나 행사 목적과 관련된 내용이 있는 경우 진행한다.

⑥ 회장 마무리 말씀

행사를 끝내기 전 마무리 단계에서 회장이 당일 행사나 안건에 대해 '한 말씀'과 행사 참석에 대한 '감사 인사'를 할 수 있도록 한다.

⑦ 폐회 선언

회장 마무리 말씀이 끝나면 사무총장은 간단한 참석에 대한 감사 멘트와 함께 폐회를 선언한다.

　예) 이상으로, ○○○○ 행사를 모두 마치겠습니다. 감사합니다.

　사무총장은 이런 행사 형식을 미리 구상하고 필요한 경우 대본을 작성하여 물 흐르듯 매끄럽게 진행해야 한다. 크고 작은 모든 행사에서 사무총장이 해야 할 일이다. 만족도 높은 행사는 교우회에 대한 자부심을 고취시키고 참여 열의를 높여 교우회가 발전하는 원동력으로 작용한다.

　행사 진행을 할 때 가능한 규모라면 당일 행사 참여자 모두에게 말을 한마디 할 수 있게 기회를 주면 좋다. 행사에 참여해서 공식적으로 말을 한마디 하고 돌아가는 것과 그렇지 않은 경우의 느낌은 많이 다르다. 공식적으로 말을 한마디 하게 되면 교우회에서 특별히 맡은 직책이 없더라도 당일 행사에 주도적 참여를 했다는 만족감을 주어 교우회 활동이나 행사에 훨씬 긍정적인 태도를 갖게 하기 때문이다.

행사 사회를
잘 보는 방법

고대AMP를 수료한 후 2011년 5월 총교우 단합 등산대회에 참석을 했는데, 사회자에게 감탄을 했다. 정말 카랑카랑한 목소리로 사회를 잘 봤다. 속으로 '역시 고대AMP는 다르구나' 하는 생각을 했다. 나중에 알고 보니 사회를 봤던 분은 유석쟁 사무총장이었다. 총교우회 사무총장에 내정되고 나서, 2016년 연말에 찾아뵙고 노하우를 배운 적도 있는 명사무총장이셨던 분이다.

교우회 여러 가지 행사에서 사회를 잘 보는 것은 사무총장으로서 대단히 중요한 부분이다. 사회를 어떻게 보느냐가 그 행

송년회에서 심민영 아나운서와 사회를 보는 모습

사의 이미지와 만족도를 좌우할 수 있기 때문이다. 사회를 잘

본다는 것은 어떤 것일까?

사회를 잘 본다는 것

사회를 잘 본다는 것은 말을 청산유수로 잘하는 것만을 의미

하진 않는다. 행사 전체를 맥락에 맞추어 일목요연하게 진행한

다는 의미다. 진행은 말을 통해 이루어지고, 군더더기 없는 적절한 멘트를 통해 이루어져야 한다. 전체 행사가 막힘없이 물 흐르듯 자연스럽게 진행되며 거기에 따른 멘트가 적절하게 잘 조화됐을 때 비로소 사회를 잘 봤다고 할 수 있을 것이다.

기획을 잘해야 한다

행사 진행 전체에 대한 로드맵을 잘 짜는 것이 먼저다. 계획을 촘촘하게 짜 놓으면 막힘없는 진행을 할 수 있다. 처음부터 끝까지 세밀한 진행 순서가 머릿속에 계획돼 있으면 거침없는 진행을 할 수 있다. 중간에 돌발 변수가 생겨도 계획한 흐름대로 진행할 수가 있을 것이다. 그래서 행사 전체를 상상하면서 촘촘하고 세밀한 계획을 세우는 것이 매우 중요하다.

경영대상 시상식 같은 경우에 세 분이 수상하게 되면 세 분 수상자 각각을 다 돋보이게 하면서 산만한 느낌을 주지 않게 순서와 동선을 짜야 한다. 이런 계획이 미리 촘촘하게 짜여져 있어야 진행을 잘할 수 있고 거기에 따라 사회자의 멘트도 일목요연하게 나올 수 있는 것이다.

행사의 구성

사회를 볼 때 행사를 어떻게 구성해 진행할 것인가를 먼저 고민해야 한다. 식순을 어떻게 정하고 내외빈을 어떤 순서로 소개할 것인가도 정해야 한다. 식순은 특이사항이 없다면 국민의례, 회장 인사말 등으로 이어지는 관례적인 행사 순서를 따르면 된다. 예외적인 순서가 있을 때는 '어디에 배치해야 하는가?'를 선례·예우·암묵적인 서열 등을 신중하게 고려하여 결례가 생기지 않도록 결정한다.

내외빈 소개는 일반적으로 외빈을 먼저 소개하고 내빈을 다음에 소개한다. 참석 내외빈에 대한 존중의 의미를 담아 행사 호스트인 회장을 가장 나중에 소개하기도 하는데, 이러면 오히려 회장을 행사의 주인공으로 돋보이게 하는 효과도 있다.

최근 기수 행사에 참석해 보면 이런 행사 구성이 제대로 되지 않은 상태에서 원칙 없이 진행되는 경우를 많이 보게 된다. 교우회 운영은 행사를 진행하는 것이다. 가장 기본적인 이 행사의 구성을 어떻게 할 것인가를 사무총장은 반드시 숙지하고 있어야 한다.

시나리오를 작성하라

세밀한 계획을 세웠으면 거기에 따른 시나리오를 작성해야 한다. 그 상황을 상상하면서 멘트할 것을 글로 적는다. 반복 낭독해 보면서 어색한 부분을 고쳐 가며 완성한다. 시나리오 없이 행사 식순만 보고 애드립으로 멘트를 하는 것은 금물이다. 베테랑 아나운서가 아닌 이상 시나리오가 없으면 어색한 멘트가 나오게 되고 중언부언하게 되어 참가자들에게 진행이 깔끔하지 않다는 인상을 주게 된다.

시나리오 작성 후에는 반복해서 소리 내어 읽어보고 어색한 단어는 수정을 해야 한다. 문장으로 적는 것과 발음을 직접 해 보는 것에는 큰 차이가 있다. 발음을 해 보면 어떤 단어는 생각보다 잘 발음이 되지 않는다는 것을 금방 알 수 있다. 이런 단어는 수정하거나 대체할 적절한 단어가 없으면 반복 숙달하여 행사 진행 중에 발음이 꼬이는 것을 방지해야 한다.

완성된 시나리오는 여러 번 읽기를 반복해 입에 붙게 해야 한다. 그래야 깔끔한 멘트를 할 수 있다.

2023 고대 AMP 송년후원의 밤 진행 시나리오

사무총장	**개회** 지금부터 [2023년 고대AMP 최고경영대상 시상식 및 송년 후원의 밤] 행사를 큰 박수로 시작하겠 습니다.
사무총장	오늘 행사의 사회를 맡은 저는 고대AMP 김용우 사무총장입니다. (인사)
심민영	심민영 아나운서입니다. (인사)
심민영	오늘 행사는 **1부 공식 행사와 2부 최고경영대상 시상식**, 그리고 **만찬과 3부 화합의 시간** 순서로 진행되겠습니다.
사무총장	자 그럼, 지금부터 1부 행사를 시작하도록 하겠습니다.
	[1부 공식행사]
사무총장	**국민의례** 먼저 국민의례가 있겠습니다. 내외빈 여러분과 교우님들께서는 모두 일어나셔서 정면에 있는 태극기를 향해 주시기 바랍니다. 국기에 대한 경례~! **바로-**. 이어서 애국가 제창이 있겠습니다. 애국가는 1절을 부르겠습니다. 다음은 순국선열 및 호국영령과 먼저 가신 선·후배 교우님들의 영령에 대한 묵념이 있겠습니다. **일동 묵념-**　　　　**바로-** 모두 자리에 앉아 주십시오.
심민영	**내빈소개** 이어서 오늘 참석해 주신 내외빈 분들을 소개해 드리겠습니다. 한분 한분 소개해 드릴 때마다 큰 박수로 환영해 주시기 바랍니다.

심민영	교우님들을 소개해 드리기 전에 **외빈** 분들을 먼저 **소개**해 드리겠습니다.
	○○○ **고려대 경영대학원 원장님** 참석하셨습니다.
	○○○ **고려대 대외협력처장님** 참석해 주셨습니다.
	○○○ **고려대AMP 주임교수님** 참석하셨습니다.
사무총장	계속해서 교우님들을 소개해 드리겠습니다.
	20, 21대 교우회장을 역임하신 ○○○ **상임고문님과** ○○○ **사모님** 참석해 주셨습니다.
	10대 교우회장을 역임하신 ○○○ **고문님** 참석하셨습니다.
	11대 교우회장을 역임하신 ○○○ **고문님** 오셨습니다.
	14,15,16대 교우회장을 역임하신 ○○○ **고문님과** ○○○ **사모님** 참석하셨습니다.
	17, 18대 교우회장을 역임하신 ○○○ **고문님** 참석해 주셨습니다.
	19대 교우회장을 역임하신 ○○○ **고문님** 참석하셨습니다.
심민영	○○○ **감사님**
	○○○ **자문위원장님**
	○○○ **지도위원장님**
	○○○ **상임부회장님**
	○○○ **산악회 회장님**
	○○○ **골프회 회장님**
	○○○ **비지니스위원회 회장님**

사무총장	○○○ **여성위원회 회장님**
	○○○ **봉사위원회 회장님**
	○○○ **문화예술위 회장님**
	○○○ **섭외위원회 회장님**
	○○○ **홍보위원회 회장님**
	마지막으로 대한민국 최고의 AMP를 이끌고 계시는 ○○○ **회장님과** ○○○ **사모님** 참석하셨습니다.
심민영	이외에도 분의 종교우회 부회장님과 분의 기 회장님들이 참석해 주셨습니다만 시간 관계상 다 소개 못 드린 점 양해 부탁드립니다.
사무총장	**○○○ 회장님 인사말** 이어서 ○○○ 회장님의 인사 말씀이 있겠습니다. ○○○ 회장님을 큰 함성과 박수로 모시겠습니다.
심민영	**○○○ 고려대학교 총장님 축사** 다음은 **고려대학교** ○○○ **총장님 축사**를 ○○○ 대외협력처장님께서 대독해 주시겠습니다. ○○○ 처장님을 큰 박수로 모시겠습니다.
사무총장	**○○○ 고대 경영대학원 원장님 축사** 이어서 ○○○ 고려대 경영대학원 원장님의 축사가 있겠습니다. ○○○ 원장님을 힘찬 박수로 모시겠습니다.
심민영	**장학기금 전달식** 이어서 고대AMP에서 마련한 장학금을 학교에 전달하는 **장학기금 전달식**이 있겠습니다.
심민영	○○○ **회장님** ○○○ **원장님** ○○○**처장님**을 앞으로 모셔서 진행하겠습니다.
	올해 학교에 전달할 장학금은 2천만 원입니다.
사무총장	학교에 전달된 장학금은 매년 상하반기에 한 번씩 진행하는 **고대 교우회 장학기금 전달식**을 통해 경영대 재학생 8명에게 250만 원씩 전달이 되고 있습니다.

	장학기금 전달식 진행
	네~ 감사합니다.
사무총장	**공로패 수여** 예정보다 조금 늦어져 아쉽습니다만, 당초 오늘 송년회에 맞춰서 고대 AMP 교우회 앱을 오픈하려고 했는데요. 완성은 됐는데 안드로이드와 아이폰 IOS 승인 시간이 길어져서 아직 오픈을 못하고 있습니다. 이달 중에는 승인이 날 걸로 예상되고요. 승인 완료되면 바로 사용 안내 드리도록 하겠습니다. 지난 4월 부터 이 앱 개발과 관련해 수고해 주신 분들이 계셔서 오늘 이 분들께 공로패를 드리려고 합니다. **70기 ○○○ 총교우회 부회장님, 82기 ○○○ 교우님, 83기 ○○○ 비즈니스위원회 사무총장님**, 세 분입니다. ○○○ 교우님은 갑자기 집안에 상이 생겨 오늘 참석을 못해 두 분만 모시고 진행하도록 하겠습니다. 두 분 앞으로 나와주시기 바랍니다. **시상은 ○○○ 회장님**께서 해 주시겠습니다. 앱 개발 관련해서 총 6번의 상무미팅이 진행되었습니다.
심민영	**공로패 전달** 공로패 낭독~
사무총장	원래는 만찬 시간에 ○○○ **교우**께서 교우회 맵을 잠깐 소개해 드리려고 했는데 참석을 못해 아쉽고요. 앱 승인이 되는 대로 교우회 카톡방과 기 사무총장님들 통해서 사용 안내 드리도록 하겠습니다.
심민영	이것으로 1부 행사를 마치고 곧이어 **2부 최고경영대상 시상식**을 진행하도록 하겠습니다.
	내외빈 소개(늦게 오신 분)

심민영	행운권 추첨 관련해 잠깐 안내 말씀드리겠습니다. 오늘 경품은 행사 제일 마지막에 추첨하는 **1, 2등과 대상**을 제외하고는 전부 문자를 통해 당첨 번호가 안내되고 있습니다. 핸드폰 번호가 교우님들 것만 파악이 되어서 오늘 참석하신 교우님들께만 문자로 통보가 되고 있는데요. 동반하신 사모님과 따로 초청해 모시고 오신 분들에게는 교우님들께서 꼭 문자 내용을 전달해 주시기 바랍니다. 경품 당첨되신 분들은 **만찬 시간에 무대 좌측 경품교환처**에서 행운권을 제시하고 받아가시면 됩니다. 오늘 행사 중에만 받아가실 수 있으니 꼭 확인하시고요. 만찬 시간에 수령하셔야 된다는 거 꼭 기억하시기 바랍니다.
심민영	당첨 번호는 6시 30분부터 발송되고 있습니다.
[2부 최고경영대상 시상식]	
사무총장	**이어서 2부** [최고경영대상 시상식]**을 이어가도록 하겠습니다.**
심민영	**경영대상 심사 결과 발표** ○○○ **자문위원장님** 나오셔서 **경영대상 심사 결과 발표**해 주시겠습니다. ○○○ **경영대상심사위원장님**께서 등산 중 다리를 다치셔서 ○○○ 자문위원장님께서 대신 심사 결과를 발표해 주시겠습니다. ○○○ **자문위원장님**을 큰 박수로 모시겠습니다.
	○○○ 자문위원장 발표
심민영	**최고경영대상 수상 기업 소개영상 시청** 네, 축하드립니다. ○○○ **자문위원장님** 말씀처럼 여러 후보 기업 중 엄정한 심사를 통해 교우 최고 영예인 최고 경영대상을 수상하시는 두 분의 감회가 남다르실 것 같은데요. 어떤 분들인지 영상을 통해 한 번 만나 보겠습니다. 먼저 **주식회사 가조띠코리아** ○○○ **교우님 소개 영상**부터 보시겠습니다.
	동영상 시청~

사무총장	네, 그럼 **[2023 고대AMP 최고경영대상]**을 수상하시는 **주식회사 가조띠코리아 ○○○ 대표님**을 앞으로 모시고 시상식을 진행하도록 하겠습니다. 오늘이 있기까지 헌신적인 내조를 아끼지 않으신 사모님도 같이 나오셔서 수상하시겠습니다. 시상은 **○○○ 회장님 ○○○ 고대 대외협력처장님, ○○○ 원장님**께서 같이 해 주시겠습니다. 세 분 단상 위로 오셔서 시상 진행부탁드립니다.
심민영	**최고경영대상패 전달** 경영대상패 낭독(심민영)~ 사진촬영(사모님과도 한 컷))
사무총장	**수상자 인사말** 네, 축하드립니다. 이어서 **○○○ 대표님의 수상소감**을 듣도록 하겠습니다.
	○○○ 대표님 수상 소감
심민영	네~감사합니다. 다시 한번 **주식회사 가조띠코리아의 ○○○ 대표님**께 큰 축하의 박수 부탁드립니다.
심민영	네~ 감사합니다. 이어서 두 번째로 **[2023 고대AMP 최고경영대상]**을 수상하실 **주식회사 씨어스의 ○○○ 대표님** 소개 영상 시청하시겠습니다.
	영상 시청~
사무총장	네, 대단합니다. 계속해서 **[2023 고대AMP 최고경영대상]**을 수상하실 **주식회사 씨어스의 ○○○ 대표님**을 앞으로 모시고 시상식을 진행하도록 하겠습니다. 사모님도 같이 나오셔서 함께 수상해 주시기 바랍니다. 시상은 **○○○ 회장님, ○○○ 고대 대외협력처장님, ○○○ 원장님**께 다시 한번 부탁드리겠습니다. 세 분을 다시 단상 위로 모시겠습니다.
심민영	최고경영대상패/시상금 전달 경영대상패 낭독(심민영)~ 사진 촬영(사모님과도 한컷)

사무총장	**수상자 인사말** 네~ 축하드립니다. 이어서 ○○○**대표님**의 수상소감 청해 듣도록 하겠습니다.
	김기옥 대표님 수상 소감
심민영	축하드립니다. **주식회사 씨어스의** ○○○ **대표님**께도 다시 한번 큰 축하의 박수 부탁드립니다. ○○○ 대표님 잠깐 단상에 그대로 계시고요.
심민영	**수상자 단체사진 촬영** ○○○ **대표님**, 상패와 꽃다발 들고 단상 위로 다시 좀 올라와 주시기 바랍니다. 언론 홍보와 기록용 단체 사진 촬영을 다시 하겠습니다.
	수상자 · 시상자 단체사진촬영
사무총장	네~ 감사합니다. 오늘 경영대상을 수상하신 두 교우 대표님께 다시 한번 큰 축하의 박수 부탁드립니다.
사무총장	**케익커팅 및 건배제의** 이어서 케익커팅과 건배제의가 있겠습니다.
심민영	**○○○ 회장님과 고문님 모두 앞으로 모셔서 진행하겠습니다. ○○○ 원장님** ○○○ **처장님**도 앞으로 나와 주시기 바랍니다. H1 테이블에 계신 분들은 모두 나오시면 되겠습니다.
사무총장	교우님들께서도 앞에 있는 잔을 미리 채워주시기 바랍니다. 케익 커팅 후 건배제의는 ○○○ **상임고문님**께서 해 주시겠습니다. 바로 이어서 ○○○ **고문님께도 건배제의**를 한 번 더 부탁드리겠습니다. 준비해 주시고요. 하나 둘 셋 하면 커팅하겠습니다. 하나 둘 셋. **○○○ 상임고문님, 건배제의 부탁드립니다. (마이크 전달)** **○○○ 고문님, 건배제의 부탁드립니다.**
	내외빈 소개(늦게 오신 분)

	[3부 만찬, 화합의 시간]
사무총장	**만찬** 긴 시간 행사에 집중해 주셔서 대단히 감사합니다. 이어서 바로 만찬을 시작하도록 하겠습니다.
심민영	행운권 추첨 관련 다시 한번 안내 말씀드립니다. 지금 계속해서 **행운권 당첨 번호**가 문자 전송이 되고 있는데요. 행사 중 간중간 당첨 번호를 꼭 확인하시고 무대 좌측 교환처에서 수령해 가시기 바랍니다. **지금부터 수령하실 수 있고요.** 오늘 행사 시간 이후에는 수령 을 할 수가 없다고 하니 이 점 꼭 기억하시기 바랍니다.
사무총장	그리고 행사 중 행운권에 당첨되신 분들도 1, 2등과 대상에 다시 추첨기 회가 주어지니까 행운권을 끝까지 잘 보관해 주시기 바랍니다.
심민영	또 한 가지 양해 말씀드릴 게 있는데요. 오늘 만찬 이후에 바로 공연이 있기 때문에 만찬 시간에도 건배 제의와 몇 가지 이벤트를 진행할 수밖 에 없습니다. 식사 중에 좀 불편하시더라도 너그럽게 이해해 주시기 바 랍니다. 그럼 식사 맛있게 드십시오. 감사합니다.
	잠시 여유를 둠
	○○○ 고문님 한 말씀과 건배제의
	○○○ 문화예술위 회장 건배제의
	최다 참가 기수상 시상
심민영	[화합의 시간] 지금부터는 **3부 화합의 시간, 축하공연**을 시작하도록 하겠습니다.
	나예원 첫 번째 무대는 임영웅 씨의 스승으로도 알려져 있고, 임영웅 씨가 불러 현재 유튜브 조회수 합계가 2천만 회를 넘게 기록하고 있는 '가슴은 알죠' 곡의 주인공 나예원 씨입니다. '바램'부터 들어 보시겠습니다. **1. 바램** **2. 가슴은 알죠**

	강기만 교수 다음은 한국의 'Kenny G' 강기만 교수의 환상적인 색소폰 연주 무대입니다. **1. Loving You** **2. 열애** **3. Tears**
	지원이 다음은 열정적인 트로트퀸 지원이입니다. **1. 남자답게** **2. 쿵짜라** **3. 메들리(사랑아, 자기야, 너는 내 남자, 우연히)**
	하동진 다음은 대한민국을 대표하는 남성 트로트 가수 중 한 분이죠. '사랑을 한 번 해보고 싶어요' 곡의 주인공 가수 하동진 씨입니다. **1. 사랑을 한번 해보고 싶어요** **2. 쑤니** **3. 인연**
	한혜진 다음은 오늘 축하공연 마지막을 장식해줄 가수입니다. '갈색 추억'으로 너 무도 유명한 분이죠. 가수 한혜진 씨입니다. **1. 갈색 추억** **2. 종로 3가** **3. 너는 내 남자** **4. 메들리**
	회장님 마무리 말씀
	경품 추첨(대상, 1, 2등)
	폐회